Supérate

Supérate

Descubre cómo elevar tu rendimiento y alcanzar tu máximo potencial

LORENA TORRES

CONECTA

Los libros de Conecta están disponibles para promociones y compras por parte de empresas, con condiciones particulares para grandes cantidades. Existe también la posibilidad de crear ediciones especiales, incluidas con cubierta personalizada y logotipos corporativos, para determinadas ocasiones.

Para más información, póngase en contacto con: edicionesespeciales@penguinrandomhouse.com

Papel certificado por el Forest Stewardship Council®

Primera edición: junio de 2024
Primera reimpresión: junio de 2024

Printed in Spain – Impreso en España

ISBN: 978-84-18053-19-1
Depósito legal: B-7.817-2024

Compuesto en M. I. Maquetación, S. L.

Impreso en Liberdúplex, S. L.
Sant Llorenç d'Hortons (Barcelona)

CN 5 3 1 9 1

A mi tribu

Índice

Prefacio

La primera vez que vi a Lorena fue en el INSEP (París), donde entrenan los mejores atletas de Francia. En ese momento no podía sospechar que se convertiría en una de las personas más importantes de mi carrera. Recuerdo a una chica llena de sueños que, aunque todavía no hablaba muy bien inglés, estaba preparada para conquistar el mundo. No es fácil para una mujer trabajar en la NBA, en especial en el campo de Lorena, dominado por los hombres. Los jugadores de la NBA son duros, conseguir que te den su confianza es tarea ardua, y más aún para una mujer.

Yo tenía muchas ganas de conocer el enfoque de Lorena. Cuando empezamos a trabajar juntos, le acribillaba a preguntas y me alucinaba el conocimiento que tenía de todo… Me parecía admirable lo apasionada y entregada que era, algo que merecía todo mi respeto. Realmente disfruté trabajando con ella. Siempre tenía una gran sonrisa que te ponía de buen humor y te animaba a ponerte en marcha.

En 2017 sufrí la peor lesión de mi carrera; los médicos determinaron que necesitaría entre diez y doce meses de recuperación. Tenía treinta y cinco años y aquello podía significar el final de mi carrera. Estaba destrozado…, pero recuerdo que entonces Lorena me dijo: «¡Ni hablar de terminar así tu carrera!». Estaba decidida a ayudarme a que regresara al campo lo más rápido posible. Y lo logramos. Siete meses después de la lesión volvía a jugar en la NBA.

Hoy, cuando miro atrás, me siento agradecidísimo de que Lorena estuviera en mi equipo; sé que ella fue una de las principales razones por las que pude reincorporarme tan rápido y jugar dos años más después de la lesión.

Me siento orgulloso de ella. Llegó a la NBA y demostró que es una de las mejores del mundo.

TONY PARKER

Introducción

El potencial que llevas dentro

Me siento afortunada por haber podido dedicarme al alto rendimiento deportivo. Me fascina lo que envuelve la superación del potencial humano, deportivo y personal. A pesar de que, desde el punto de vista evolutivo, probablemente nuestro cuerpo no haya cambiado demasiado en cientos de años, corremos más rápido y más, saltamos más alto y más lejos, somos capaces de llegar a lugares más remotos, a picos más altos, a profundidades más recónditas. Siguen batiéndose marcas y récords que parecían inquebrantables, seguimos avanzando en conocimiento y procesos, y descubriendo tecnologías más sofisticadas y eficientes. Continuamos descifrando cada día el conocimiento de nuestro cerebro, o aprendiendo cómo engañar al paso del tiempo prolongando nuestra longevidad. Seguimos superándonos. Quizá no todos somos capaces de lograr hitos en todos estos ámbitos, pero sí que podemos rendir al máximo en aquello que nos propongamos si tenemos la intención, la motivación y las herramientas adecuadas para ello. Y es que todos tenemos potencial: todos. Solo hay que saber cómo pulirlo, trabajarlo, elevarlo y maximizarlo.

MI HISTORIA

En mi caso, todo empezó de muy pequeña, cuando con cuatro años comencé a practicar gimnasia artística. Nadie en mi familia cercana hacía deporte, y mucho menos a nivel de élite o profesional, pero desde ese periodo de mi infancia el deporte pasó a ser el centro de mi mundo. Cuando cumplí dieciséis años me mudé de Ibiza a Barcelona, a un centro de tecnificación de deportistas. Había descubierto la natación artística hacía escasos años y me ofrecieron la oportunidad de unirme a la que sería la generación de oro de este deporte en nuestro país. Ese fue uno de los primeros retos que conseguí en el deporte. «Has empezado demasiado tarde; no vas a llegar lejos», me dijeron. Y, aun así, competí en el equipo con algunas de las mejores nadadoras de la historia reciente de este deporte. Sin embargo, es cierto que, aunque llegué a alcanzar un gran nivel deportivo, ese grupo de nadadoras estaba destinado a hacer historia, y yo no formaba parte de esa superélite. Así pues, decidí que el deporte seguiría siendo el centro de mi vida, pero esta vez desde el otro lado: entrenando a otros. Y en ese punto empezó el viaje de mi carrera profesional en el mundo del alto rendimiento.

Comencé a formarme. Estudié Ciencias de la Actividad Física y el Deporte, y varios másteres. Pensaba que me dedicaría a la natación artística toda la vida, pero al acabar la carrera tomé la decisión de trabajar con deportistas de élite, independientemente de la disciplina deportiva. Este fue otro punto de inflexión: me enfrenté al reto de entrenar por primera vez como preparadora física a deportistas de alto nivel de disciplinas como el tenis o el golf, viniendo de un deporte artístico y acuático, con el abismo de diferencias que eso significa. Sin embargo, contaba con el deseo de mejorar y la curiosidad. Creo que ese afán de saber, aprender y descubrir es fundamental para poder evolucionar a lo largo de la vida. La curiosidad ha sido un valor esencial para mí en cada una de las etapas por las que he pasado, y me ha permitido no solo aprender y obtener conocimiento, sino también retar mi zona de confort y así progresar.

Fue en este punto cuando llevé a cabo mi doctorado, lo que me abrió el camino al mundo de la ciencia y la investigación, que marcaría un antes y un después en mi manera de entender los procesos de entrenamiento y mi metodología de trabajo. Al hacer el doctorado me convertí en una científica del deporte. Aprendí las bases del método científico, y a utilizar el pensamiento crítico para formular preguntas y procedimientos para intentar contestarlas, desde el rigor, el conocimiento contrastado, la objetividad o la experimentación.

Finalmente, llegó el baloncesto; dejaba los deportes individuales y me adentraba en el fascinante mundo del deporte colectivo, donde el caos, el azar, la incertidumbre y la visión táctica colectiva eran conceptos (y contextos) del todo nuevos para mí. Pero el reto más importante en este punto de mi carrera fue enfrentarme a la cruda realidad: «Los servicios médicos del club no apuestan por ti, porque una mujer no puede estar en un vestuario masculino». Y tuve que tomar la difícil decisión de abandonar (o eso pensé en ese momento) el camino de la élite en deportes colectivos masculinos, porque me cerraban la puerta en las narices. Lo que descubrí, a continuación, es que cuando te cierran una puerta se abre un ventanal. A los pocos meses me incorporaba al cuerpo técnico de los San Antonio Spurs, un equipo de la National Basketball Association (NBA), organización deportiva de referencia mundial. Como veremos más adelante, no puedes dejar de creer en ti. Con esa creencia como base, y el trabajo y el esfuerzo como pilares, llegó otro gran momento de mi carrera profesional: la dirección del rendimiento de los Philadelphia 76ers (NBA). Me adentraba en el mundo del liderazgo de equipos de trabajo multidisciplinares, supervisando las ciencias del deporte, la innovación, la implementación tecnológica, la preparación física, la nutrición, la recuperación y el rendimiento mental, y siendo el vínculo con los *stakeholders* de la franquicia. No solo seguía superándome profesionalmente, sino que también significaba que se abrían barreras para las mujeres que quisieran dedicarse al alto rendimiento en deportes tradicionalmente masculinos, y en un puesto de liderazgo. Tras esa etapa formé parte de la Selección Española Masculina de Baloncesto, con quienes conquistamos el oro en el Eurobasket 2022, y culminé así un ciclo en la élite en este deporte. Y sigo evolucionando. Y sigo superándome, aunque, como irás viendo, bajo prismas y con prioridades diferentes.

Como ves, he pasado por múltiples deportes, trabajando con deportistas de diferentes disciplinas, cada una de ellas con su propia cultura, jerga y peculiaridades, y no solo físicas y técnicas, sino también en cuanto a creencias, comportamientos y tradiciones, por lo que he tenido que aprender cada una de esas culturas deportivas y adaptarme a ella. Todos los pasos que he ido dando —los que busqué con intención y los que surgieron de forma orgánica—, los momentos vividos y las disciplinas deportivas por las que he pasado me han ayudado para el paso siguiente en mi camino, y para convertirme en quien soy y en lo que soy profesionalmente, una especialista en alto rendimiento.

La curiosidad por conocer dónde están los límites del potencial humano y cuáles son en cada momento las mejores herramientas para cada deportista ha sido uno de los focos esenciales de mis estudios y experiencias. Así, la fisiología, la biología, la endocrinología, la monitorización del deportista, la nutrición (y suplementación), los medios de recuperación, el análisis de datos y la toma de decisiones, la visualización de la información, la innovación y la tecnología son áreas en las que continúo indagando, aprendiendo y formándome. A lo largo de mi trayectoria, me he interesado mucho por el liderazgo personal y de equipos, la dirección de proyectos y grupos de trabajo, y, en general, los aspectos que afectan a los valores y principios culturales de las organizaciones. Y desde hace un tiempo, y seguramente también por motivos personales, me han interesado muchas cuestiones relacionadas con el crecimiento personal, la psicología, la neurociencia y la preparación mental, o herramientas como el mindfulness, la meditación y las técnicas de respiración. Porque, al fin y al cabo, el rendimiento es multifactorial, y yo tengo la creencia de abordarlo de manera holística, global e integradora, en la que muchas áreas de conocimiento desempeñan un papel imprescindible. Sumado a esto, el haber crecido rodeada de deportistas de élite y haberme desarrollado en entornos profesionales de excelencia me ha permitido nutrirme de experiencias que han forjado tanto mi carácter y mi personalidad como mi enfoque de los procesos de rendimiento, parte de los cuales te presento aquí.

EL SECRETO DEL POTENCIAL DE RENDIMIENTO

El deporte de élite es un espectáculo para el entretenimiento, donde los protagonistas son atletas con unas cualidades excepcionales que los diferencian del resto de la población, con atributos que los hacen magníficos. Estos deportistas dedican su vida (al menos profesional) a intentar alcanzar la mejor versión posible de sí mismos para obtener el éxito, una gloria que muy pocos tienen al alcance: un récord, una medalla, un trofeo o el reto personal que se impongan. Pero ¿cuál es el secreto para rendir y alcanzar esos niveles de excelencia? ¿Cuál es el secreto del éxito? ¿Es talento o esfuerzo?

El rendimiento, deportivo o extradeportivo, es un fenómeno multifactorial, lo que significa que influyen en él aspectos diversos, como el nivel individual de habilidades o factores cognitivos, la mentalidad, la nutrición, el grado de salud o el estado de forma o entrenamiento, entre otros. Y, en mayor o menor medida, los rasgos genéticos. Conocer el perfil genético nos permite comprender cómo ciertos factores pueden predisponer en una dirección u otra, y determinar áreas de oportunidad. Sin embargo, de momento (excluyendo aspectos que quedan fuera de la cobertura de este libro, como enfermedades, patologías o la muerte súbita) estos no parecen determinar en absoluto el destino final de nuestro potencial. Porque podemos tener ciertas predisposiciones genéticas, por ejemplo, para correr rápido, pero sin un entrenamiento adecuado, una dieta apropiada o el apoyo de nuestro entorno será extremadamente difícil llegar a batir un récord mundial en velocidad. Puede que poseas ciertas variaciones genéticas proclives a la obesidad, pero puedes escoger comer saludable, decidir salir a hacer ejercicio, comprometerte con un objetivo de salud, potenciar tu mentalidad para la perseverancia y la disciplina, cultivar la constancia en tus hábitos, revisar tu contexto o asegurarte de que cuentas con el apoyo adecuado de tu entorno social. Los factores del entorno y los mecanismos epigenéticos (aquellos que permiten que los genes se expresen, es decir, que se activen o desactiven), así como los hábitos, la perseverancia, el compromiso, la dedicación y la toma de decisiones, contribuyen de forma esencial al éxito o el fracaso de lo que queremos alcanzar. Tu genética y tus aptitudes cargan el arma, pero son tu estilo de vida y tu actitud los que aprietan el gatillo.

Entonces, lo que parece ser el secreto del éxito (el potencial de rendimiento) es una combinación de aptitudes y actitudes. La aptitud es aquello que se te da bien, en lo que eres competente, las habilidades que posees y que eres capaz de desarrollar. La actitud, en cambio, es aquello que te hace seguir adelante, tu mentalidad, motivación, pasión, disposición y práctica. Es posible que haya atletas (o personas) más dotados naturalmente que otros, pero lo que tienen en común quienes alcanzan la excelencia es que potencian su talento, ponen el esfuerzo necesario y tienen la mentalidad adecuada. Lo que vengo a decirte es que puede que poseas ciertas aptitudes, y conocerlas te ayudará a maximizar tu potencial de rendimiento. Sin embargo, tu actitud (relacionada con tus propósitos, valores y prioridades) supondrá ir a por aquello que te propones, con una motivación como combustible, y con la ayuda de un proceso de rendimiento.

Genética y rendimiento deportivo

En las últimas décadas se ha avanzado tanto en el estudio del genoma humano como en el estudio de los polimorfismos genéticos, mediante el rápido desarrollo de tecnologías de genotipado y secuenciación, que permiten una búsqueda más exhaustiva en todo el genoma humano. Si bien parece que la ciencia va encontrando asociaciones entre variaciones genéticas y rendimiento deportivo, todavía hay cierta controversia al respecto, ya sea por la calidad de las investigaciones o por el volumen y el tipo de población objeto de estudio. El rigor científico resulta vital a la hora de estudiar las variantes genéticas relacionadas con el rendimiento, la condición física o la nutrición. Se están realizando progresos en el descubrimiento de variantes genéticas, las interrelaciones entre estas (que parecen ser un aspecto importantísimo) o las implicaciones fisiológicas de lo que se conoce como paneles genéticos, en áreas como:

- El perfil de resistencia (que incluye la biogénesis mitocondrial, la eficiencia lipoenergética, la capacidad de hidratación, los tipos de fibras musculares o el estrés oxidativo, entre otros).
- Los perfiles de fuerza.
- Los factores asociados al riesgo lesional.
- La nutrición y la regulación del peso (incluidas la regulación del apetito, la inflamación, la oxidación lipídica o la termogénesis).

DESAFÍATE, SUPÉRATE

Los deportistas se someten a intensos regímenes de entrenamiento, al desafío que suponen marcas cada vez más difíciles de alcanzar y superar, a calendarios competitivos cada vez más exigentes y a altas presiones, tanto internas como externas. Estos deportistas llevan a cabo cosas extraordinarias en su día a día, cosas impresionantes; experimentan con sus límites y desafían el potencial de rendimiento humano tanto a nivel físico como mental. Necesitan una excepcional resiliencia física y mental. Pero también han de hacer cosas sencillas; necesitan fundamentos y valores sólidos, hábitos adecuados, y realizar lo básico de forma correcta, consistente y disciplinada. Se trata de conseguir que el proceso acabe convirtiéndose en parte de sí mismos para que puedan mantenerse al máximo nivel.

Rendir no es algo exclusivo de los deportistas de élite, y tratar de ser la mejor versión de uno mismo tampoco. Muchos de nosotros también queremos superarnos, rendir al máximo, y buscamos marcarnos retos, ser mejores, alcanzar aspiraciones, lograr expectativas y conseguir metas y sueños, ya sean ordinarios o extraordinarios. Y con ese fin también nos sometemos a altos requerimientos diarios, agendas exigentes, presiones internas y externas, desgaste físico y mental. Necesitamos esa misma resiliencia física y mental, y los mismos fundamentos básicos.

Superarse es una cuestión personal. Puede representar lograr un sueño «imposible», como ser la primera persona en alcanzar una cima inexplorada, de modo que lo que parecía imposible se haga posible, contra todo pronóstico. Quizá suponga la consecución de un objetivo profesional, como obtener un puesto de trabajo concreto. O hasta conseguir ese pequeño (gran) reto personal de sentir plenitud interna y tener unos hábitos de vida saludable, como hacer ejercicio a diario, comer de manera equilibrada o dormir siete horas al día, lo cual era (también) «imposible» para ti no hace tanto tiempo. Superarse no implica competencia ni comparación, sino mejorar lo anterior, conquistar logros, alcanzar expectativas, sobreponerse, avanzar, elevarse. En definitiva, conseguir aquello que nos propongamos, nos represente, nos complete o, simplemente, nos haga disfrutar del camino que vamos construyendo a lo largo de la vida.

A QUIÉN VA DIRIGIDO ESTE LIBRO Y QUÉ ENCONTRARÁS EN ÉL

Aunque he escrito estas páginas basándome en mi conocimiento y experiencia como especialista en alto rendimiento deportivo, no me dirijo exclusivamente a deportistas de élite, pero espero que si eres deportista también encuentres explicaciones y consejos que te puedan ayudar. Cualquiera que sea tu momento o tu propósito, puedes crear un estilo de vida que te permita llegar a tu mejor versión, ya seas estudiante, jubilado, responsable del hogar, alto ejecutivo o directivo, principiante o experto.

Supérate es para aquellos que tengan curiosidad e interés en aspectos que forman parte de un proceso de rendimiento personal (y profesional), y quieran conocer las herramientas para poder aplicarlo de forma práctica. Este libro es para ti si buscas la excelencia, conseguir grandes cosas, desde crear una gran vida o mejorar tu calidad de vida hasta la consecución de un desafío personal a corto plazo, pasando por lograr retos y aspiraciones. Aquí presento un marco de trabajo utilizando el modelo de preparación que aplicaríamos a un deportista de élite, pero adaptado a ti; un modelo para que alcances tu propósito, partiendo desde la autorreflexión personal; para que consigas maximizar tu potencial de rendimiento, elevar tus aspiraciones, superarte.

Con este fin, cubro diferentes áreas del rendimiento y del potencial humano (aunque, por supuesto, no todas), desde una aproximación integradora e intentando abordarlas de forma multifactorial, porque así es como las concibo. En algunas secciones presentaré información muy concentrada (condensando horas de estudio y múltiples fuentes de información en unas líneas), pero mi objetivo es que, si te generan curiosidad, tengas una base sobre la que profundizar. Como menciono en algunos apartados, no soy experta en cada una de las áreas que aquí se exponen, pero las considero tan importantes e influyentes en procesos de rendimiento, efectividad y excelencia que intento formarme todo lo posible en ellas para entender mejor cómo alcanzar el máximo potencial individual de los deportistas y, en definitiva, el humano. He agrupado estas áreas fundamentales en cuatro secciones, las cuales consisten esencialmente en prepararse (primera parte), entrenar (segunda parte), competir (tercera parte) y recuperarse (cuarta parte). La realidad es más compleja que esta división, pero cualquiera que aspire a rendir pasa, en mayor o menor medida, por estas cuatro fases.

Quería que este libro fuera riguroso, pero no un texto científico. Y que fuera motivante, pero no un manual de autoayuda. Se fundamenta en la ciencia, con la base de rigor que esta nos aporta, así como en aprendizajes que voy obteniendo de expertos (en su mayoría, investigadores en su área de pericia) en diferentes materias. También incluyo enseñanzas a partir de las experiencias que he vivido a lo largo de mi carrera profesional, así como vivencias personales. Asimismo, incorporo ejemplos y recomendaciones que trasladan la teoría a la práctica, para que cualquiera que aspire a rendir mejor y acercarse cada día más a su máxima eficiencia pueda aplicarlos.

Apoyar, acompañar y retar a mis deportistas para que sean mejores me ha motivado a trabajar para alcanzar mi mejor versión como profesional y poder ofrecerles un servicio de élite. Pero, en realidad, buscar ser mi mejor versión no es algo que haga solo para ellos; también representa un proceso esencial para mí; construye un estilo de vida propio. Los avances en la ciencia están permitiendo que la esperanza de vida se alargue —vamos a vivir más tiempo—, y mi propósito personal es tener una gran vida, vivir en equilibrio y con la mayor calidad posible, física, mental, intelectual y emocional. Debemos asegurarnos de que disponemos de un proceso orientado a cumplir nuestros objetivos, así como de los medios y recursos para llevarlo a cabo.

He vivido la élite desde dentro durante muchos años. He estado ahí, trabajando con algunos de los mejores jugadores de baloncesto de nuestra historia reciente y para algunos de los mejores entrenadores del mundo, leyendas en su profesión. He estado a pie de pista, en el gimnasio, en las salas de tratamientos y en los despachos. He formado parte de cuerpos técnicos de selecciones nacionales absolutas (auténticas número uno mundiales), representando a mi país en citas internacionales de máximo nivel. Para algunos jugadores me he mantenido en la sombra, pero durante años los he visto trabajar, sufrir y brillar. Con otros he compartido incontables horas de trabajo, de entrenamiento y de vuelo, además de conversaciones sobre el deporte y la vida. He sido observadora en primera fila de sus comportamientos, reacciones, hábitos, manías y rutinas; de sus miedos, inseguridades, frustraciones y fortalezas; de su competitividad, ambición, gratitud y liderazgo, tanto dentro como fuera del vestuario. He diseñado, construido y liderado equipos de trabajo, procesos y sistemas en algunas de las mejores organizaciones deportivas del mundo. He preparado olimpiadas y campeonatos mundiales, y he luchado por un anillo (campeonato) NBA. He compartido conocimiento a través de artículos e investigaciones científicas, libros, pódcast, conferencias y charlas entre colegas. Y ahora quiero compartir esos conocimientos y experiencias contigo. Empecemos.

Desde la élite para ti.

PRIMERA PARTE
Prepárate

1

Tener un propósito

Todo empieza con un sueño, una ambición, un reto. Puede que tengas un sueño muy ambicioso, y es que, puestos a soñar, vale la pena soñar a lo grande. Para un deportista de élite, este puede consistir en llegar a ser el número uno del mundo, jugar en una *major league* o en primera división, o quizá ser titular de un equipo top mundial, jugar con su selección o participar en unas olimpiadas, por poner algunos ejemplos. También puede tratarse de un reto, desde conseguir batir determinados récords o ser el máximo anotador de la temporada hasta controlar mejor las emociones, gestionar mejor las derrotas, mejorar la precisión, la velocidad, la composición corporal…

En tu caso, se trata de que identifiques qué significa el éxito para ti, cuál es tu sueño, propósito o reto, ya sea en el ámbito laboral, en tu vida personal o en ambos.

¿Qué es importante para ti? ¿Qué te hace ilusión conseguir? ¿Qué te motiva? ¿Qué valoras? ¿En qué estás dispuesto a invertir tu esfuerzo, tus recursos y tu valioso tiempo?

TU DEFINICIÓN DE ÉXITO

Antes de empezar un plan de rendimiento es importante identificar qué significa el éxito (felicidad, satisfacción, realización, bienestar, plenitud interior, longevidad) para uno mismo. Este debe definirse en el plano individual aunque incluya elementos colectivos, como la importancia de la familia o formar parte de un proyecto de equipo que te permita sentir que perteneces a algo más grande que tú mismo. Es cierto que lo que valoramos como éxito (o lo que nos hace sentirnos felices, plenos, satisfechos) puede cambiar a lo largo de nuestra vida, y ser conscientes de ello nos ayudará en la definición de nuestros objetivos y propósitos conforme avance esta.

Por ejemplo, un estudio llevado a cabo por la Universidad de Harvard (el Grant Study) analizó durante varias generaciones cuáles eran los componentes de la felicidad. Los participantes valoraban qué los hacía más felices en diferentes momentos de su vida. La investigación mostraba que algunas de las razones principales para la felicidad, a lo largo de los años, eran:

- Las relaciones personales; la familia, los amigos.
- Formar parte de una comunidad.
- Tener un propósito.
- Asegurar las necesidades financieras; vivir dentro de las posibilidades de cada uno.
- La salud física y emocional.
- La amabilidad; ser generoso.
- Practicar la gratitud.

- Vivir experiencias, disfrutar.
- Coleccionar recuerdos.
- Arriesgarse (sin arrepentimientos).
- El arte de soltar, de dejar ir las cosas (no preocuparse por aquellas sin importancia).

Viendo los resultados de este y otros estudios de la felicidad, tener un propósito (dedicar tiempo a descubrir tus propósitos en la vida) o un sueño, o ser virtuoso, es uno de los puntos que se incluyen en una vida feliz. También queda de manifiesto que los aspectos sociales, los vínculos y las conexiones de calidad tienen un peso muy importante en la felicidad individual. La salud física y emocional, crear tu propio plan de cuidado personal, hacer ejercicio, dormir lo suficiente y mejorar la dieta también son valorados como algo prioritario. Tal vez el dinero o la abundancia sean sinónimo de éxito para ti. Lo importante parece ser llevar una vida coherente, en equilibrio interior, en sintonía con lo que valoras, conectando con quién eres, en qué crees y cómo actúas. Es una cuestión de valores, prioridades y expectativas.

TUS VALORES

Los valores son principios o normas del comportamiento: cómo juzgas lo que es importante, tu idea de qué da sentido a la vida, la forma de ser o creer que sustentas como principal, qué cánones utilizas para definir que está bien o mal. Actuar según nuestros valores significa que no solo los creemos y sentimos, sino que también los practicamos; que nuestras acciones, comportamientos, las palabras que usamos y nuestros pensamientos se corresponden con las creencias en las que nos sostenemos, y damos coherencia así a esos dogmas y sentimientos. Los valores cimentan, al final, la definición de quiénes somos en la vida y determinan las decisiones que tomamos, cómo actuamos y cómo nos comportamos.

Si uno quiere vivir según sus valores, ha de dedicar tiempo a reflexionar sobre estos. Brené Brown, una referente en liderazgo, propone en su libro *Dare to Lead* un ejercicio de reflexión en el que has de escoger tus valores centrales, solo uno o dos, los que sean más importantes para ti (aunque sepas que hay otros). Estos valores pilares te indican el camino en momentos de duda, te definen, te hacen de guía para sostener cómo quieres ser en la vida, en los buenos momentos y ante las decisiones difíciles.

Mis valores pilares, mis *core values*, son el coraje y la autenticidad. El coraje es saber que, aunque puede ser que algo falle o salga mal, a pesar del miedo o las inseguridades que me produzca, si estoy convencida de que merece la pena, estoy dispuesta a intentarlo, a darlo todo. No significa que no tenga miedos; significa desafiarlos, ir a por ello aun así. La autenticidad es ser fiel a una misma; ser yo misma o ser quien soy, manteniendo la coherencia entre lo que siento y actuar, y decidir según mis valores. Ser auténtico es ser capaz de mantener la esencia propia independientemente de la situación en la que uno se encuentre, respetar el verdadero yo, sin olvidar, por supuesto, que somos cambio. Y es que, sin duda, a lo largo de la vida evolucionamos y avanzamos, pero yo sigo siendo yo misma, me mantengo fiel a quien soy (fiel a mis valores, principios e identidad).

Creo que es un ejercicio importantísimo en general, y sobre todo en este contexto, porque te costará mucho definir un plan para tu rendimiento personal (y laboral), trazar tu proyecto de vida, sin conocer qué pilares van a sostener tus pensamientos, palabras, acciones y comportamientos. Los valores dan coherencia a quien eres, a quien quieres ser y a cómo vas a actuar; en definitiva, dan coherencia a tu identidad. Por ejemplo, si de tu propósito de vida, de tus prioridades y de tus valores se desprende que debes dedicarte tiempo o pasarlo con tu familia para que tu vida tenga sentido, pero destinas la mayor parte al trabajo, tus acciones no están acordes con tus palabras y vives en contra de tus valores. O, por el contrario, si tu propósito es el éxito profesional, alcanzar la excelencia en tu sector, ser un referente, pero no muestras el compromiso con la dedicación y el sacrificio que implica este objetivo, no hay coherencia entre lo que dices y lo que haces. Y esto también significa, en ocasiones, decir «no» a muchas cosas; conlleva ser capaz de identificar lo que es importante de verdad para uno mismo.

Algunos de los valores tradicionalmente relacionados con el deporte son la competitividad, la perseverancia, la disciplina, la superación, el espíritu de sacrificio o el respeto. Pero el deporte requiere otros muchos atributos, como la adaptabilidad, la autoconfianza, el autocontrol, el compañerismo, el compromiso, la cooperación, la paciencia, la resiliencia o el trabajo en equipo. Sería interesante reflexionar sobre cuáles de estos valores conforman tu identidad, o cuáles te gustaría incorporar o priorizar. Te propongo que hagas el ejercicio de escoger aquellos valores pilares que quieres que guíen tu proceso, los prioritarios, y así puedas revisar si, a medida que avanzas, tu toma de decisiones y tus comportamientos son coherentes con ellos.

Ejemplos de valores

Adaptabilidad, altruismo, amabilidad, amor, autenticidad, autocontrol, bienestar, bondad, cariño, civismo, coherencia, colaboración, compasión, competencia, compromiso, comunicación, comunidad, confiabilidad, confianza, congruencia, cooperación, coraje, creatividad, curiosidad, determinación, dignidad, diversidad, eficiencia, empatía, espontaneidad, estabilidad económica, ética, excelencia, familia, fe, fortaleza, generosidad, gentileza, gratitud, honestidad, humanidad, humildad, humor, inclusión, independencia, integridad, justicia, lealtad, libertad, liderazgo, optimismo, paciencia, paz, perseverancia, pertenencia, respeto, responsabilidad, riesgo, sabiduría, sacrificio, salud, seguridad, serenidad, sinceridad, solidaridad, templanza, tolerancia, transparencia, verdad, vulnerabilidad.

LA JERARQUÍA DE LAS PRIORIDADES

De la mano de tus valores van tus prioridades. En 2020 participé como ponente en un retiro para altos ejecutivos de una gran multinacional tecnológica (que nada tenían que ver con el deporte de élite). El objetivo de esta experiencia colectiva era definir las áreas que caracterizaban el éxito personal y laboral para cada uno de ellos, y dotar con herramientas a los participantes para que pudieran incorporarlas a su día a día. Con el fin de conectar tu propósito con tu plan de rendimiento, y basándome en esa experiencia, te propongo un ejercicio de reflexión para la construcción de tu modelo de rendimiento vital.

En un primer nivel, imagina tu proceso de definición de éxito personal con un círculo central, y coloca en él tu visión o meta;

esta podría ser tener una gran vida, ser feliz o convertirte en una eminencia o icono en tu sector profesional. Esto es abstracto, de la misma forma que lo es querer ganar una medalla olímpica, pero a partir de este eje central, de este propósito principal, puedes ir construyendo prioridades que definan quién quieres ser y cómo deberías actuar para conseguirlo.

En un segundo nivel hacemos una división en áreas, como el cuerpo, la mente y las emociones (puedes añadir un área espiritual o un área social si lo necesitas).

En un tercer nivel proponemos puntos específicos de trabajo, aspectos cada vez más concretos para cada una de las áreas, y las dividimos en acciones como llevar una alimentación saludable, respetar nuestra rutina de sueño, meditar, dedicar tiempo al cuidado personal y la vida social, ser capaces de gestionar el estrés, potenciar nuestra creatividad, formarnos de manera continua, explorar, cultivar experiencias y aventuras, o ser virtuosos en algo.

Ejemplos de áreas prioritarias

Física

- Movimiento, ejercicio físico
- Sueño, descanso
- Nutrición

Mental

- Atención plena consciente (mindfulness)
- Aspectos cognitivos
- Respiración

- Regeneración
- Gestión del estrés (ansiedad), frustración
- Curiosidad
- Aprendizaje
- Aficiones

Emocional (o espiritual)

- Propósito
- Significado
- Comunidad, pertenencia
- Creatividad
- Espiritualidad
- Empatía
- Virtud
- Gratitud
- Bondad
- Fidelidad, lealtad
- Conexión con la naturaleza

Para facilitar la práctica del ejercicio, comparto mi ejemplo personal.

En el centro de mi modelo pondría «Tener una gran vida».

A partir de ahí, priorizo tres áreas: la física, la mental y la emocional.

1. Dentro del **área física**, mis prioridades son:

- seguir una alimentación saludable, al menos el 80 por ciento del tiempo (me permito algún día o periodo más flexible, pero intento alimentarme de la forma más saludable posible aunque me relaje puntualmente);

- hacer deporte (ejercicio físico, actividad física);
- cuidar mi recuperación con estrategias diarias, semanales, mensuales y anuales.

2. Dentro del **área mental**, tres subáreas a las que estoy dando una gran prioridad son:

- el mindfulness (estar presente de forma consciente), con el fin de que la conciencia de mis pensamientos y emociones no sea un ejercicio, sino parte de mi forma de ser;
- mantenerme intelectualmente activa y estimulada;
- seguir una formación continuada.

3. Dentro del **área emocional**, las subáreas que priorizo son:

- la comunidad; estar cerca de mi familia y mis seres queridos; rodearme de gente que suma y alejarme lo máximo posible de la que resta;
- el equilibrio entre aspectos de mi vida importantes para mí;
- el contacto con la naturaleza (no solo me renueva, sino que me carga de energía);
- sentirme realizada con mi trabajo y con los proyectos en los que me implico.

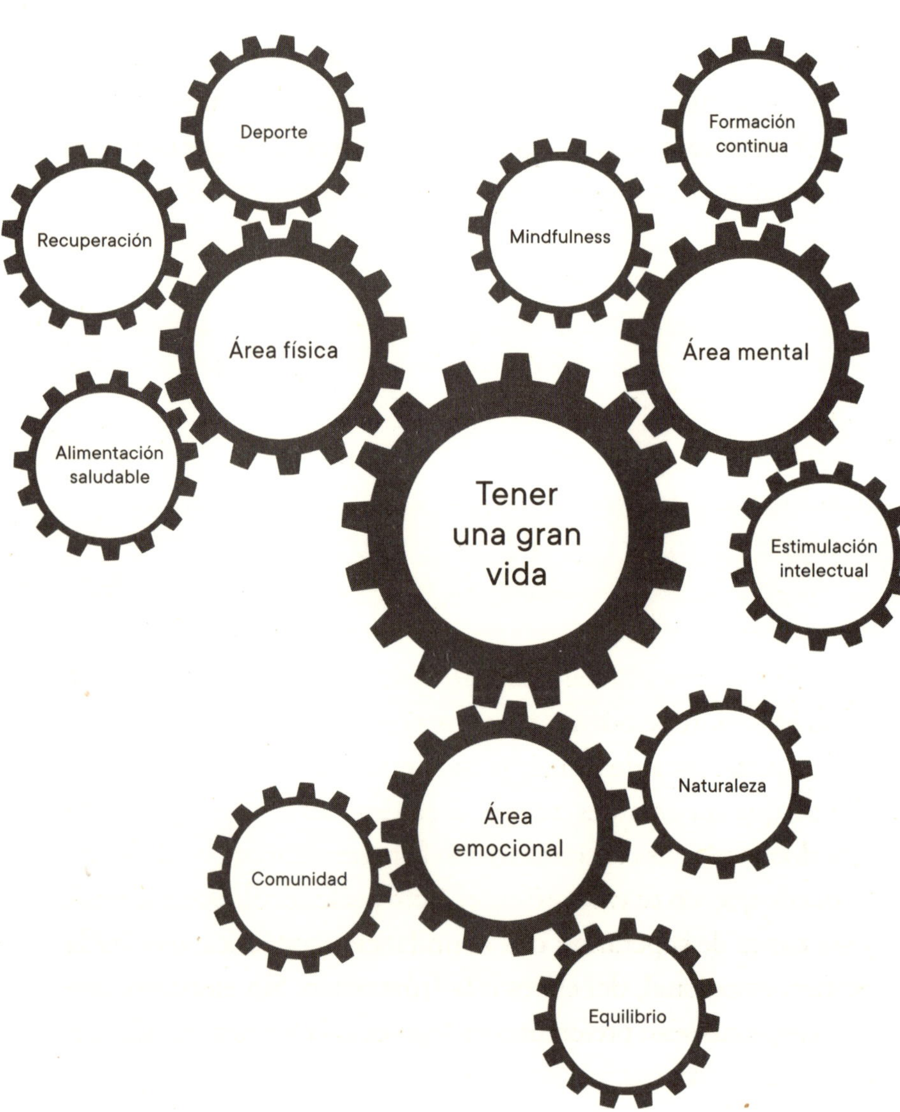
Deporte
Formación continua
Recuperación
Mindfulness
Área física
Área mental
Alimentación saludable
Tener una gran vida
Estimulación intelectual
Naturaleza
Área emocional
Comunidad
Equilibrio

Realizar ejercicio a diario (entrenarme), comer de manera saludable o meditar son hábitos que dan coherencia a mis prioridades. Estar en contacto con la naturaleza es otro de mis objetivos; ahora vivo en un lugar en el que hay parques y zonas verdes, y andando unos pocos minutos estoy inmersa en la naturaleza. Además, procuro hacer viajes de ocio que me permitan estar en contacto con la naturaleza. Los proyectos laborales que escojo han de resultarme atractivos, han de retarme para sentir que sigo aprendiendo y aportando, y han de suponerme desafíos exigentes y estimularme, pero también permitirme un equilibrio entre mis otras prioridades. Y tanto en mi vida profesional como en la personal estoy dando mucha preferencia a las personas de las que me rodeo, intentando involucrarme en proyectos y experiencias con gente que me suma, y alejándome poco a poco de aquellos entornos que me restan, me roban la energía o me hacen sufrir.

Marcar prioridades no significa que no puedas desarrollarte en otras áreas, pero de esta manera tendrás una jerarquía que te sirva de base para tomar decisiones. El ejercicio que te propongo se basa en reflexionar sobre tus prioridades, y definir rangos y jerarquías, para descubrir o confirmar qué quieres priorizar. Puede que quieras destacar el área espiritual y sea dentro de esta donde ubiques el contacto con la naturaleza o la meditación. O puede que, en tu caso, prime el éxito profesional, ponerte retos y ser capaz de superarlos; o la abundancia económica; o quizá la gestión emocional, del estrés o la frustración. Sin embargo, que estos aspectos sean preferentes no significará que nutrirte adecuadamente, dormir suficiente o estar con los tuyos (aunque les dediques menos tiempo) no sea importante para ti. Se trata simplemente de definir tus prioridades e intentar reflejarlas como una escala, de más general a más específica. Es importante plantear estas preferencias, pero luego hay que diseñar tareas acordes para llevarlas a cabo, como iremos viendo.

MARCARTE OBJETIVOS

Cuando te dispones a realizar un viaje necesitas saber de dónde partes y cuál es tu destino. Del mismo modo, al comenzar un proceso de rendimiento debes conocer tu punto de partida y adónde te diriges. Puede que sepamos adónde queremos llegar o qué queremos alcanzar (propósito, sueño, aspiración, ambición), pero no cómo lograrlo. En este punto, es importante empezar tomando conciencia de dónde partimos para poder valorar aquello en lo que destacamos, cuidarlo (o más bien no descuidarlo) y saber qué queremos alcanzar o mejorar.

Vas a liderar tu plan de rendimiento personal, y uno de los aspectos clave de un líder es tener visión: dónde estás ahora y hacia dónde vas. Y cuando se tiene una visión se ha de poder contestar a tres preguntas fundamentales:

1. ¿Por qué haces lo que haces? Has de tener claro el propósito.
2. ¿Cómo se ve el éxito? Lo que creas (crees y creas).
3. ¿Cómo debes comportarte para garantizar el éxito? Esto se fundamenta en los valores y los hábitos.

En mi caso, me gusta empezar esos planes realizando una entrevista inicial con el jugador, a quien comienzo formulándole las siguientes preguntas:

1. ¿En qué eres bueno? Dime qué te define dentro y fuera del campo. Dime cosas buenas de ti.
2. Bien, y entonces ¿qué podrías mejorar? ¿Qué quieres conseguir?

A partir de ahí, puedes empezar a plantearte objetivos que te ayuden a ponerte en el camino adecuado para conseguir tus logros, marcándote retos en los que poder trabajar en el día a día.

La definición de objetivos

A la hora de definir tus objetivos (tu declaración de intenciones), puedes tener en cuenta varias cuestiones. Como hemos visto, te propongo que intentes reconocer tus fortalezas y debilidades. Tienes que saber en qué eres bueno para marcarte objetivos que te ayuden a mantener tu eficiencia, alcanzar la excelencia y sobresalir en tus puntos fuertes, y, a la vez, conocer aquellos aspectos que quieres mejorar o conseguir. Por ejemplo, puede que la fortaleza de un jugador de baloncesto consista en ser un gran tirador de tres puntos, y deba trabajar para seguir mejorando y optimizar su tiro y sus aciertos (quizá desde diferentes ángulos, con distintos tipos de oposición o tirando en desequilibrio). Al mismo tiempo, tal vez necesite trabajar tiros de media distancia, en los que no es tan bueno, para tener más recursos ofensivos. Quizá nunca llegue a ser un gran defensor, y aunque trabajar ese aspecto de su juego no deba convertirse en su prioridad, practicar destrezas de esa parcela le harán un jugador más completo y más valioso.

En tu caso, puede que tengas visión y empatía, y que seas carismático; esto es clave para ser un líder. Sin embargo, si tus cualidades comunicativas son mejorables (buenas, pero mejorables), tal vez sea importante potenciar ese campo. Quizá te hayas propuesto cantar en las mejores óperas del mundo, sepas lo que quieres conseguir y tengas unas cualidades extraordinarias para el canto, además de disciplina y capacidad de sacrificio; pero, a pesar de practicar bien, no seas buen competidor porque no gestiones bien las emociones durante las actuaciones. En ese caso, ese será el punto que deberás reforzar: tu entrenamiento mental. O quizá seas un emprendedor, tengas una idea de negocio con potencial para crear una startup y seas técnicamente virtuoso en el área de competencia en la que has detectado la oportunidad de negocio, pero carezcas de formación y conocimientos en herramientas de marketing y comunicación. Entonces tus objetivos de mejora estarán enfocados en esa dirección para poder explotar tu producto. Cuando estés definiendo o planteándote objetivos, piensa en qué destacas, qué cualidades te gustaría perfeccionar y qué puedes mejorar, porque te ayudará cuando tengas que diseñar tu proceso de rendimiento (prioridades, agenda y gestión del tiempo, o ayuda por parte de tu entorno).

Por otro lado, tan importante puede ser definir qué quieres hacer como qué debes dejar de hacer: saber qué te está robando tiempo, distrayendo o alejando de tus metas es también vital. ¿Qué te está saboteando? ¿Consumes demasiados alimentos ricos en azúcares complejos? ¿Tienes una vida sedentaria o poco activa? ¿Pasas demasiadas horas en las redes sociales? ¿Te distraes con facilidad? Aquí insistimos en la idea de tener claras las prioridades para saber a qué estás dispuesto a renunciar a fin de conseguir tus objetivos. Si quieres cambiar tu composición corporal y perder grasa, tendrás que estar en déficit calórico, controlar tus niveles de glucosa y llevar un tipo de alimentación que te permita conseguir ese objetivo. Puede que durante un tiempo debas evitar (o preferiblemente eliminar de tu dieta) alimentos proinflamatorios, como aquellos altos en grasas saturadas, refinados, procesados o ricos en azúcares complejos, o el alcohol. Si sueles socializar en actos alrededor de la mesa, en comidas y cenas fuera de casa, donde tienes mucho menos control de cómo se cocina y de las cantidades, proporciones o condimentos, será muy difícil que mantengas una alimentación saludable. No se trata de renunciar a socializar, pues no todo es blanco o negro; se trata de adecuar tus acciones a tus objetivos. Quizá puedas hacer partícipe a tu entorno e incluso pedirles que te ayuden no presionando si durante un tiempo dejas de consumir bebidas alcohólicas. Rodearte de personas que te apoyen, como veremos, puede ser clave en tu proceso. Tal vez podríais alternar yendo a restaurantes de comida saludable con tener un día libre de «¡hoy como lo que me apetezca!». A fin de cuentas, se trata de que te plantees cómo evitar las situaciones que comprometen tus metas, alejarte de personas y entornos que dificultan tu avance, y sortear situaciones, momentos y personas perjudiciales. Esto puede abarcar desde apagar la tele para poder dormirte antes hasta introducir cambios transformadores en tu vida, pasando por acabar con relaciones tóxicas o dañinas, y buscar estar más activo en tu día a día.

Las características de los objetivos marcados

La investigación sobre definición de objetivos apunta a marcar o definir metas claras, alcanzables, medibles, informativas, específicas, realistas, positivas, temporales, revisables, procesables, relevantes, asignables... Suelen expresarse mediante acrónimos; dos de los más populares, en este caso en inglés, son SMART y SMARTER, que detallo a continuación. Si vas a concretar objetivos, estos podrían comprender alguna de estas características (o todas), y ser:

Específicos (*Specific*). Para rendir al máximo de las capacidades individuales, para alcanzar la máxima eficiencia, es preciso definir objetivos específicos —cuanto más específicos, mejor—, basados en tus prioridades y enfocados en ellas. Plantea objetivos concretos y metas determinadas, que se alejen de las generalidades y la superficialidad.

Medibles (*Measurable*). Que un objetivo sea medible significa que permite realizar un seguimiento para garantizar que se está avanzando en la dirección adecuada para lograrlo. En el alto rendimiento es habitual hablar de indicadores clave (*key performance indicators,* en inglés). Estos son los componentes que describen el éxito o influyen en él. En el deporte se utilizan para medir aspectos de la *performance*; identificar talento, fortalezas y debilidades, y así marcar las líneas de trabajo, o proporcionar información para comparar el rendimiento de una persona con el de otras (*benchmarking*). Es decir, estos indicadores miden el estado actual y la efectividad de los cambios a lo largo del tiempo. En clases y en conferencias he explicado muchas veces que, especialmente cuando hay tecnología de por medio, no solo es esencial saber qué queremos medir, sino también medir lo que vale la pena. Con los avances tecnológicos y la popularización de medidores portátiles o *wearables*, cada vez es más fácil tener acceso a más y más datos, como, por ejemplo, nuestra información biomédica (información para el cuidado de la salud) o biométrica (medición del cuerpo humano, física o de comportamiento). Pero que haya aspectos que puedan medirse no significa que sea útil si no vamos a poder hacer nada con esa información (es decir, si no nos ayudan a cambiar comportamientos o no tienen aplicaciones prácticas). Recomiendo evaluar aquello que ayude de verdad a tomar mejores decisiones, con la información más fiable y de mayor calidad posible.

Alcanzables (*Achievable*). Una vez que definas qué objetivos quieres marcarte, revisa que estos te permitan trabajar en retos alcanzables. Apunta alto, pero revisa tus expectativas. Identificar y marcarse objetivos, a la vez que ser capaz de manejarlos de modo realista, te ayudará en el diseño del proceso. Las metas, en especial a corto plazo, deberían ser desafiantes pero mantenerse dentro de tus capacidades reales, de modo que, aunque retadoras, te permitieran conservar la motivación para conseguirlas. Es prioritario definir objetivos que te dejen progresar; que te lleven al límite de tus habilidades, para que cometas errores, pero que seas capaz de corregirlos y, así, avanzar. Cuando ejecutamos este tipo de acciones retadoras, estas se ven reforzadas por la liberación de ciertas hormonas específicas según la clase de estresor que percibimos. Es decir, tu preconcepción de la experiencia determinará y provocará una cascada de liberación de hormonas. El reto tiene que ser difícil pero manejable para que hormonas como la adrenalina, la oxitocina, la dopamina, la serotonina o la noradrenalina te estimulen a seguir trabajando hacia ese objetivo. En cambio, si el reto es demasiado difícil, si lo percibes como excesivamente alejado de tus posibilidades o incluso inalcanzable, segregarás hormonas estresantes, como el cortisol.

Relevantes (*Relevant*). En relación con la especificidad del objetivo, este ha de ser relevante para ti y la consecución de tus prioridades y propósitos. Plantea estrategias individualizadas. Esto significa que tus objetivos son propios, diferentes de los míos o de los demás. Yo tengo unos objetivos muy claros para mi entrenamiento personal y sigo un plan para conseguirlos, un plan que me funciona. Sin embargo, no tiene nada que ver con el que programo para los deportistas con los que trabajo, a pesar de que ambos incluyen, por ejemplo, el entrenamiento de fuerza. Ten presente que lo que yo quiero conseguir y lo que tú quieres conseguir puede diferir, y que, aun siendo parecido, lo que me funciona a mí puede no funcionarte a ti, y viceversa, independientemente del fundamento de los métodos. Por ello, la individualización del proceso es esencial. Parte del diseño de tu proceso de eficiencia deberá considerar: 1) qué quieres conseguir y 2) qué funciona para ti.

Con un marco temporal (*Timely*). A fin de ayudarte a tener una base para conseguir tus objetivos es recomendable que realices una programación o periodización. Esto implica poner fechas o límites temporales orientativos. Supone hacer una declaración de intenciones temporal, que sirva como referencia para poder llevar a cabo progresiones o bloques de trabajo a partir de los cuales ir avanzando. Lo importante es progresar en los estímulos para que supongan un reto y, así, mejorar.

Evaluables (*Evaluated*) y revisables (*Revised*). Durante este proceso deberás incluir puntos de control para revisar tus objetivos y recordar por qué lo son para ti, con el fin de valorar si estás en el camino de conseguirlos o has de modificar algo para continuar progresando. Estas dos características de los objetivos, que sean «revisables» y «evaluables», van de la mano. Suponen tener momentos en los que puedas preguntarte: «¿Voy bien? ¿Sigo en esta línea o tengo que modificar algo para poder avanzar?».

En definitiva, para asimilar si vas por el buen camino o necesitas hacer cambios, debes medir los progresos y tener *feedback* de cómo evolucionas, ya sea de forma subjetiva (mediante sensaciones, percepciones o emociones), o bien, idealmente, incorporando valoraciones objetivas. Estas también pueden programarse: puedes revisar con mayor o menor periodicidad tus objetivos escritos; por ejemplo, al final de un ciclo, del año, de la temporada o del periodo concreto que hayas programado.

Esto también es aplicable a los hábitos, como veremos más adelante. Sin embargo, te recomiendo revisar tus hábitos con mayor asiduidad, incluso de forma semanal o diaria, como refuerzo físico y mental, sobre todo cuando estés haciendo progresos positivos. Así podrás recompensarte por ello y fortalecer no solo la motivación, sino también la fijación de comportamientos y acciones mediante la segregación de hormonas como la dopamina, como apuntaba antes. Y es que también contamos con la biología para reforzar nuestros progresos (lo veremos más a fondo).

¿Vale la pena establecer objetivos?

En algunos sectores (y entre algunos expertos) genera cierta controversia el establecimiento de objetivos, con el argumento de que centrarse en su consecución (en los resultados) puede suponer poner techo a tu potencial, y generarte frustración y decepción si no los consigues, o alejarte del que debería ser el foco de atención, el proceso.

En mi opinión, es una cuestión de perspectiva, enfoque o contexto. Los objetivos son metas, declaraciones de intenciones, micropropósitos. Obviamente, no significan nada por sí solos si no hay un proceso en el que se apoyen. Puede que te marques el objetivo de ir a dormir antes, o el reto de no comer alimentos procesados durante veintiún días seguidos. Estos objetivos, de forma aislada, son inconsecuentes a largo plazo, pero pueden servir para empezar. Pueden servirte de referencia y valer de motivación para tu macropropósito: llevar una vida más saludable. No obstante, para cambiar de estilo de vida necesitarás, efectivamente, rutinas y hábitos que formen y definan tu identidad. Sigue leyendo.

2

Los cimientos de tu plan de rendimiento

Dispondrás de herramientas para ponerte en el camino de alcanzar tus resultados. Sin embargo, con independencia de estos, el esfuerzo que pongas será lo que hará que valga la pena, «tener la satisfacción personal de haber hecho todo lo que ha estado en tus manos para que las cosas salieran de la mejor manera posible», en palabras de Rafa Nadal. Apoyarás tu proceso en pilares como la motivación, la determinación, la disciplina y la creencia en ti.

LA MOTIVACIÓN

La motivación es uno de los elementos que nos impulsan a hacer o querer cosas, el deseo que nos inspira o incita a conseguir aquello que nos hemos propuesto. La investigación en motivación humana, llamada «teoría de la autodeterminación», dice que somos animales intrínsecamente motivados (motivación intrínseca), además de responder a estímulos externos (motivación extrínseca). Sin embargo, una comprensión completa de la motivación humana requiere, además, entender nuestras necesidades biológicas, psicológicas e internas.

Las biológicas son aquellas que, como animales que somos, nos impulsan a satisfacer aspectos básicos, como comer para saciar el hambre, beber para aplacar la sed y copular para satisfacer los impulsos carnales.*

Por otro lado, las psicológicas o conductuales se asocian a nuestra necesidad de autonomía (la necesidad de controlar la vida y el tiempo propios) y de parentesco (conectar con tu gente y con la comunidad), la competencia (la maestría de ser buenos en lo que hacemos) y el propósito (nuestro anhelo de contribuir y ser parte de algo más grande que nosotros mismos).**

Por último, en cuanto a las necesidades internas, estudios de psicólogos expertos en motivación humana han demostrado que todos nosotros, animales curiosos por naturaleza, perseguimos desafíos, explorar y aprender. Tenemos poderosas motivaciones intrínsecas que buscan su recompensa mediante la satisfacción que supone el propio deseo o reto interno; hacemos cosas por el mero hecho de que nos resultan interesantes, satisfactorias, desafiantes, provocadoras, sin esperar una recompensa externa. De hecho, en algunos estudios se ha demostrado que el hecho de cobrar por hacer algo (tener una recompensa económica o una paga) puede ser una motivación inicial, pero no permanente. Depender de una motivación externa hace que baje el rendimiento en comparación con quienes realizan una tarea que les gusta de por sí.

Uno de los conceptos clave que surgen cuando se habla de motivación es la pasión. Parece que para ser excelentes en algo hayamos de sentir pasión, o que nuestra labor, cualquiera que sea, deba

* Daniel H. Pink, *Drive: The Surprising Truth About What Motivates Us*, 2010.

** Bill Burnett y Dave Evans, *Designing Your Work Life*, 2021.

resultar siempre apasionante. Sin embargo, hay investigaciones que sostienen que esto no siempre es así. La pasión definida como una especie de «autoorganización singular dirigida hacia un objetivo»* no es algo normal, sino que más bien emerge como respuesta al trabajo duro en un área de interés.

Existen distintos escenarios: puede que no sepas qué te apasiona; puede que empieces algo porque te apasiona; o puede que te marques un reto porque te gusta y después te acabe apasionando (proceso apoyado por la segregación de dopamina y noradrenalina). No obstante, te apasione o no, es probable que para superar desafíos tengas que hacer sacrificios, para lo cual deberías sentir esa motivación. En el mundo del baloncesto estadounidense existe un eslogan muy popular, *I love this game*, y en más de una ocasión he escuchado a un jugador decirme que has de amar el juego, *you have to love the game*, porque, a pesar del glamour que envuelven las esferas de la excelencia, el día a día demanda sacrificios, renuncias, esfuerzos y altibajos. Y por ello, cuando la motivación afloje (¡que lo hará!), necesitarás de valores como la perseverancia, la determinación o la disciplina.

LA DETERMINACIÓN Y LA DISCIPLINA

La determinación es otro concepto importante asociado a la motivación y la pasión. Pasión, persistencia, determinación y fortaleza se condensan en la palabra inglesa *grit*.** Esta interacción entre la perseverancia y la pasión es la habilidad de continuar con tu

* *Ibidem.*

** Angela Duckworth, *Grit: El poder de la pasión y la perseverancia*, 2016.

propósito a pesar de las dificultades que implique el proceso; se basa en la capacidad de mantener la dirección, el compromiso y la perseverancia hasta lograr los objetivos a largo plazo, incluso cuando te enfrentas a obstáculos (dificultades, aburrimiento, fracasos en el camino). Y es que llegar a la excelencia tiene costes, porque rara vez se consiguen objetivos que valgan la pena sin esfuerzo, al menos los que generan mayores satisfacciones personales. Tener un cuerpo atlético, *fit* y saludable, por poner un ejemplo, requiere esfuerzo, no se puede comprar, no es instantáneo. Exige constancia, fuerza de voluntad y disciplina. No obstante, la recompensa —tanto biológica como psicológica— de conseguir o mantener aquello que nos supone un esfuerzo, pero que resulta gratificante, nos genera los pensamientos, emociones y sentimientos necesarios para lograr la adherencia y satisfacción personal, y la felicidad. Sabemos que la motivación viene y va, pero serán ese compromiso, esa determinación y esa fortaleza de tus valores los que, a pesar de las dificultades, te ayudarán a continuar con el proceso y a conseguir lo que te propongas.

Para apoyar tu determinación has de contar con un valor fundamental: la disciplina. Se puede fallar un día, pero lo importante es no tirar la toalla. Una vez decidido tu objetivo concreto, la disciplina contribuye a que no te des por vencido a pesar de las dificultades. Consiste en continuar con el esfuerzo, en saber ser paciente y perseverante. Representa una forma de libertad, de valentía y madurez contra las adversidades, la fatiga, el cansancio, los contratiempos, las excusas, la ausencia de resultados a corto plazo, la pereza o las ganas de renunciar. Contar con la disciplina y con lo que esta implica es determinante.

EL PODER DE CREER

Sabemos que para maximizar el potencial humano necesitamos una serie de ingredientes, como los objetivos, un plan, la motivación y el esfuerzo. Los deportistas de élite alcanzan logros extraordinarios porque son extraordinarios en alguno de los ingredientes necesarios (o en todos) para alcanzar la excelencia en sus objetivos. Por el contrario, la gente que se contenta con vivir dentro de su zona de confort y no hace el esfuerzo de ir más allá no altera su estado de equilibrio (no perturba su estado de homeostasis, que veremos en mayor profundidad más adelante); no pone a prueba sus capacidades físicas, mentales ni emocionales. No es que no posean habilidades extraordinarias, o que no tengan la capacidad de desarrollarlas; es que no lo intentan. ¿Y no lo intentan porque realmente no les importa, no tienen un objetivo? ¿O es porque no creen que puedan alcanzarlo?

La creencia profunda en algo es un activo muy poderoso. Los científicos del deporte (entre otras áreas de la ciencia) han observado que, cuando se realizan estudios para investigar el efecto de diferentes intervenciones en el rendimiento (como tipos de entrenamiento, estrategias de recuperación o ciertas ayudas ergogénicas), hay una alta probabilidad de que las creencias y expectativas de los participantes en los estudios modulen su rendimiento en favor del supuesto efecto positivo del tratamiento, lo que se conoce como efecto placebo.

En ensayos controlados aleatorios, controlar el efecto placebo se ha considerado durante mucho tiempo la manera de determinar si el resultado de una intervención médica se debe al propio tratamiento o a la creencia del paciente en la eficacia de dicho procedimiento. Antes se pensaba que los resultados producidos en los participantes sometidos al efecto placebo no eran relevantes; se entendían como un efecto irreal del proceso. Sin embargo, hoy sabemos que la poderosa asociación entre resultados positivos y la creencia de mejora tras un entrenamiento o una intervención novedosa parecen tener efectos reales que podemos aprovechar en nuestro favor. Lo destaco porque, para mí, que creas en lo que vas a hacer es muy importante. De hecho, permíteme que lo enfatice: creer en lo que vas a hacer aumenta las probabilidades de que funcione.

Y si creer en el proceso y en lo que harás es un activo poderoso, imagina la potencia de depositar esa fe en ti. Cree en ti. Ahora bien, creer en ti mismo para conseguir tus sueños no tiene por qué significar que los consigas. Quiero decir, puedes soñar con trabajar en la NBA o ganar una medalla de oro en un campeonato de Europa y que esto no llegue a ocurrir (en mi caso personal no tenía estos sueños, y aun así sucedieron). Sin embargo, quizá sea durante el proceso de preparación para ese objetivo o meta donde cultives todo lo que necesitas para conseguir grandes cosas. Porque trabajar en la NBA, siguiendo este ejemplo, no depende solo de uno mismo. La toma de decisión no depende solo de ti; las personas que contratan y que evalúan a los candidatos no siempre cuentan con los mejores procesos de selección; por otro lado, conocen el contexto interno y sus necesidades, y saben qué tipo de candidato están buscando para ese momento concreto. Tú puedes encajar en ese perfil o no, y no por tus cualidades y capacidades, sino por el contexto o las preferencias de terceros.

Yo creo en mí, en mi capacidad de esfuerzo, de superación, de sacrificio, de aprendizaje, en mi profesionalidad, mis conocimientos o mi valía. Los pasos que he ido dando para ser mejor profesional son los que seguramente necesitaba para poder trabajar en la NBA: tener un doctorado, publicaciones internacionales, experiencia en alto rendimiento, en baloncesto, con jugadores, hablar inglés, o tener una profesión que en un momento determinado estaba muy solicitada. Podría haber pasado o no. Sin embargo, prepararse y creer en uno mismo es fundamental: para conseguir el trabajo de tu vida, el cuerpo de tu vida, el estado de ánimo de tu vida o simplemente superar retos que afrontes. He visto que creer en uno mismo es una característica que define a los mejores. Y saber que eres suficiente. ¡Eres suficiente!

¿Podemos mejorar? Sí.

¿Podemos evolucionar? Por supuesto: debemos evolucionar.

¿Podemos aprender de los errores, superarnos, progresar, modificar conductas para conseguir objetivos diferentes? Sin duda.

Pero creer en uno mismo y tomar conciencia de que eres suficiente es fundamental.

3

Un paso más allá: desafía lo convencional

En los inicios de un proceso puedes empezar imitando estilos, directrices o maneras de hacer, y a partir de ahí ir profundizando en el conocimiento de esas áreas. El conocimiento es el cimiento para la maestría. Sin embargo, al estar siempre en contacto con ciertos campos de conocimiento, círculos específicos o personas similares a ti (por ejemplo, colegas con los que compartes estudios, aficiones, intereses o espacios), puedes verte condicionado por las tendencias de esos entornos, donde se piensan o se hacen las cosas de determinada forma. Para poder ir por delante de los demás, para estar a la vanguardia y tomar la delantera, necesitas actuar de manera distinta, pensar de forma diferente que tus rivales, innovar siempre, cuestionar el *statu quo* y así generar ventaja competitiva, o al menos ponerte en una mejor situación para ello. Para actuar de modo diferente, seguir evolucionando o incluso transformarte, has de ser curioso, creativo, innovador y valiente.

Hacer las cosas de un determinado modo porque toda la vida se han hecho así y «ha funcionado» es conservador, no innovador. Así es como funciona la nostalgia, que es una barrera para la curiosidad, la creatividad, la innovación y el progreso. Sin embargo, dejar de hacer las cosas como se estaban haciendo, dejar ir, puede ser difícil. Cuando se hace el análisis de riesgo-recompensa, al principio cambiar las cosas puede percibirse como una pérdida, por miedo a salir de la zona de confort y de enfrentarse a lo desconocido. Pero para avanzar y evolucionar, y sobre todo en un mundo tan competitivo, creativo y cada día más tecnológico, se necesita abrazar el cambio. Esto muchas veces cuesta. Encontrarás a gente a quien le parecerás un genio y le encantarán tus propuestas, y gente que las odiará, a quien molestará que seas disruptivo, a quien asustará el cambio (por miedo, inseguridad, política…), que te cuestionará y pondrá impedimentos; pero quizá eso signifique que estás haciendo algo que merece la pena. Y las dificultades no vienen solo por las percepciones externas; la curiosidad por el cambio es arriesgada incluso para el propio ego, o por cómo nos juzgamos pensando cómo nos percibirán los demás. Y es que la curiosidad y la creatividad requieren coraje, y este, vulnerabilidad, exposición y riesgo.

LA CURIOSIDAD, LA CREATIVIDAD Y LA INNOVACIÓN COMO FACTORES DE SUPERACIÓN

Los sellos distintivos de entornos de éxito (incluido el alto rendimiento) son la curiosidad, la experimentación y la oportunidad. Superar los límites del rendimiento requiere la valentía de pensar y obrar de forma diferente. La curiosidad es esa sensación o instinto de querer saber, el deseo de averiguar algo o explorar (y se apoya, por cierto, en la dopamina y noradrenalina). Puesto que somos animales curiosos por naturaleza, te invito a explotar esta característica que nos define. Suelo recomendar leer y estudiar materias que queden fuera de nuestra área de conocimiento, de nuestras creencias; escuchar pódcast de temas variados, de los que estés a favor y también en contra; de campos que desconozcas, de culturas y ámbitos distintos. Ser curioso es tener una mentalidad abierta y ganas de conocer y saber. Esta tendencia a indagar y a descubrir está íntimamente relacionada con la creatividad.

La creatividad no es solo la capacidad de crear algo de la nada, lo cual es realmente difícil, sino también la competencia de generar nuevas ideas cambiando, combinando o volviendo a aplicar ideas existentes desde una nueva perspectiva o punto de vista. Es el talento de imaginar o inventar algo nuevo o valioso, donde el valor puede ser personal, social, económico o una combinación de estos.

Si la creatividad es la producción de ideas novedosas y útiles, la innovación es la implementación exitosa de estas ideas. En otras palabras, toda innovación comienza con una idea creativa. Existen varios periodos históricos asociados con una importante actividad creativa e innovadora. Peter Childs, del Imperial College London, destaca las siguientes épocas: la historia antigua, donde la creatividad se consideraba prerrogativa de los seres supremos; el Renacimiento, con una explosión de ideas vinculadas a las interacciones de diversas disciplinas e inversiones; la Revolución Industrial, que aprovechó las ventajas de la producción y concentración de recursos; el siglo XX, con una mayor comprensión que surge de dominios como la psicología y la neurociencia; y, por supuesto, el siglo XXI, donde hemos visto grandes avances en la creatividad aumentada y automatizada, la minería de datos y la inteligencia artificial (IA). Independientemente del tiempo histórico o del contexto, muy diferente en cada uno de estos periodos, lo que tienen en común es la capacidad humana de crear e innovar, la lucidez de traer algo nuevo y mejor al mundo. Para poder mejorar, evolucionar, transformar o incluso revolucionar, hay que potenciar nuestra creatividad.

LA CREATIVIDAD Y LA MENTALIDAD INNOVADORA

¿Por qué el rendimiento, la excelencia o superar los límites de nuestro potencial requieren creatividad? Porque las personas que alcanzan esas fronteras y las superan redefinen lo que es posible, están preparadas y dispuestas para ir más allá de la norma aceptada. Hay deportistas que, con su estilo de juego, han cambiado la manera en la que se practica y compite en su disciplina. Hay entrenadores que han marcado un antes y un después en la visión táctica de sus deportes. Los atletas de nuevas disciplinas deportivas son también claros ejemplos de creatividad, ya que probando cosas diferentes han explorado nuevos límites y han producido reinvenciones de nuevas disciplinas. También encontramos algunos ejemplos en chefs (deconstruyendo y reconstruyendo la manera de entender la cocina), así como artistas, empresarios disruptivos, arquitectos, médicos o científicos. Ser creativo e innovador consiste en ser capaz de hacer cosas diferentes, ir más allá de la norma, ponerse en situaciones de vulnerabilidad.

¿Qué hace que una persona sea creativa e innovadora? De forma resumida, ver las cosas desde una nueva perspectiva, conectar información de diferentes ámbitos, reconocer patrones, interrelacionar ideas, tener la posibilidad de equivocarse en el proceso creativo, crear cosas novedosas que aporten valor y correr riesgos.

Teresa Amabile nos presenta tres componentes de la creatividad:*

1. pericia: conocimiento técnico e intelectual del dominio en el que se está trabajando;
2. motivación: la voluntad de realizar una tarea;
3. habilidades de pensamiento creativo.

El primer componente, la pericia, está relacionado con el conocimiento que se pueda tener sobre el área en cuestión. Para reconocer si lo que percibes como novedoso lo es en realidad, necesitas saber qué se ha hecho o estudiado previamente en ese campo o área de conocimiento. Para abordar un tema desde diferentes perspectivas y evitar caer en la influencia del pasado, se requieren fundamentos y saber. El segundo componente, la motivación, se relaciona con hacer una actividad porque te estimula, porque te encanta, ya sea por la satisfacción de realizarla en sí, sin recibir nada a cambio, o porque obtienes una recompensa. La motivación intrínseca resulta esencial para la creatividad. Por último, pero no menos importante, las habilidades de pensamiento creativo se vinculan con la forma en que abordas la resolución de problemas.

Además, Ken Robinson añade que uno de los ingredientes necesarios para la creatividad a largo plazo es la frustración, en un nivel que suponga un reto para mantenerte motivado. Si alguna vez has probado a crear una obra (un libro, un cuadro o una coreografía, por ponerte algunos ejemplos personales), sabrás a qué

* Teresa M. Amabile, «Componential Theory of Creativity», 2012.

sensación me refiero. Experimentas frustración por tu autoexigencia, pero al mismo tiempo esta te empuja a avanzar.

Ser creativo también representa un proceso que, como tantos otros, no siempre va en línea recta, sino que atraviesa diferentes fases: momentos de subida, de retroceso y de avance exponencial. Es decir, la creatividad se trabaja. Algunos de los mitos de la creatividad consisten en asociarla a ámbitos como el arte, el diseño o el marketing, por poner algunos ejemplos clásicos, o a la creencia de que uno o es creativo o no lo es. Sin embargo, la realidad es que la creatividad no solo se da en muchísimos sectores, sino que además se puede trabajar y desarrollar, como tantas otras habilidades.

¿Cómo se pueden desarrollar habilidades de pensamiento creativo?

Existen muchas herramientas, como la conocida «lluvia de ideas» (ya sea colectiva o individual), pero voy a resaltar aquellas que son pilares para otras y que están relacionadas con la manera de pensar, o con pensar de manera diferente. Es importante recordar que la innovación empieza formulándose preguntas, no dando respuestas, y para ello el pensamiento crítico es esencial. Como expone George Couros en su libro *The Innovator's Mindset*, el pensamiento crítico importa porque vivimos en un mundo donde abunda la información, lo que resulta beneficioso y en ocasiones perjudicial; un mundo en el que hay que aprender a discernir la verdad de la ficción y considerar la fuente de información. El pensamiento crítico, como ejercicio, puede empezar con autorreflexiones, visiones o modelos de aprendizaje, asumiendo riesgos, cultivando experiencias y desarrollando o elevando nuestras habilidades de resolución de problemas, por nombrar algunos casos.

Otra herramienta o ejercicio que podemos potenciar es el pensamiento divergente (también llamado pensamiento lateral), el proceso o método utilizado para generar múltiples ideas relacionadas para abordar una determinada cuestión o para resolver un problema. El pensamiento divergente puede medirse por la fluencia, originalidad y flexibilidad. Te propongo un ejercicio que realicé en una formación sobre creatividad e innovación: quiero que mires a tu alrededor y escojas un objeto, uno pequeño. Ahora piensa (o escribe, si quieres comprobar el reto que puede llegar a suponer) diez usos o propósitos diferentes que puedes dar a ese objeto. Probablemente el número uno será aquello para lo que fue diseñado; a partir de ahí, ¿puedes asignarle nueve funciones más? Puede que hayas conseguido otorgarle diez funciones, pero lo más probable es que no todas sean útiles o prácticas, incluso aunque constituyan nuevos usos potenciales para ese objeto. En este punto es cuando empiezas a utilizar un nuevo tipo de pensamiento, el pensamiento convergente: escoger las mejores ideas. Como ves, solo con entrenar diferentes formas de pensar ya estamos potenciando la creatividad.

En cuanto a la investigación acerca de la creatividad y el cerebro, hay datos que respaldan que algunas personas tienen más facilidad para la creatividad y las emociones, frente a las matemáticas y el pensamiento analítico (lado derecho *versus* lado izquierdo del cerebro, aunque debido a la plasticidad cerebral esto no es del todo así, como verás). Sin embargo, también hay un cuerpo importante de la investigación que muestra cómo la creatividad y la innovación pueden cultivarse, desarrollarse y fomentarse. En estas líneas estamos viendo que la creatividad del cerebro se puede entrenar. Los estudios en neuroplasticidad muestran que el proceso de aprendizaje o creación está vinculado a cambios en la estructura cerebral (el cerebro cambia por sí mismo). En este sentido, puedes echar un vistazo a la herramienta de la alteración derecha-izquierda, fundamentada en que el lado derecho del cerebro está más relacionado con tareas artísticas, creativas y emocionales, mientras que el izquierdo es bueno en pensamiento analítico y analógico. Brevemente, la idea de esta herramienta o técnica consiste en ir alternando los dos lados del cerebro (pensar desde un punto de vista y desde el otro) cuando planeas o desarrollas nuevas ideas, métodos, productos, etc. Ser creativo e innovador no consiste solo en desarrollar cosas tangibles; también puedes recapacitar sobre procesos, programas o métodos de trabajo que se implementan en tu entorno, y si hay alguna posibilidad de verlos o abordarlos desde una perspectiva nueva y mejor.

LA CREATIVIDAD DE LA MANO DE LA OPORTUNIDAD

Quizá ahora estás pensando: «Vale, lo he leído, te entiendo y me encantaría poder aplicarlo, pero donde yo trabajo no puedo utilizar estos recursos; no me dejan desarrollar mi faceta creativa e innovadora, que me permitiría mostrar o elevar mi potencial». Al menos yo me he sentido así en numerosas ocasiones y en reconocidas organizaciones que te sorprendería que fueran así. Aquí es donde aplicarías el concepto de pensar fuera de la caja dentro de una caja (*thinking outside the box being inside the box*, en inglés), que consiste en explorar cómo puedes ser creativo con lo que te permiten, con los recursos que tengas. Y si realmente tu situación supone un freno en tu desarrollo personal o profesional, tu satisfacción o tu felicidad, replantéate más cosas, como cambiar tu contexto y marcharte (si puedes). Y es que tener la oportunidad de expresarnos y ser curiosos y creativos está en nuestra naturaleza. Como expone de forma brillante Peter Childs, si la necesidad es la madre de la invención, la oportunidad es el padre. Necesitamos tener y generar oportunidades para crear, desarrollar e implementar nuevas ideas (dispositivos, métodos o procesos), y disponer de la posibilidad de equivocarnos y aprender. Lo resalto porque para mí es fundamental: debemos tener oportunidades para demostrar nuestros talentos, permitirnos ser creativos e innovadores, y contar con la posibilidad de equivocarnos, rectificar y aprender. Las características de la persona, el entorno y el gozar de oportunidades conducen a un resultado creativo e innovador.

4

Tu interior: nociones básicas de cómo funciona el organismo humano

El proceso de rendimiento implica conocerse a uno mismo, y para ello es importante tener unas nociones básicas de cómo funciona el organismo humano, en particular el propio. Así sabrás qué posibilidades te ofrece y comprenderás los mecanismos que lo activan, desactivan, protegen o debilitan, aquello que puedes utilizar para potenciar tus fortalezas y contrarrestar tus debilidades. Contamos con nuestra biología, la fascinante máquina que es el organismo humano.

Del mismo modo, también es necesario conocer sus límites, mediante experiencias y procesos que nos ponen (seamos atletas o no) bajo enormes cantidades de estrés, físico, mental y emocional. La clave en el arte de la exploración de esos límites es, precisamente, gestionar cómo utilizamos el estrés y la tensión en nuestro favor.

ESTRESAR AL ORGANISMO DE FORMA DELIBERADA

A la hora de preparar un evento determinado o excepcional, ya sea una exposición ante un tribunal o una junta ejecutiva, la representación de una obra, una pieza musical ante un gran público o una competición deportiva de máxima relevancia, cuando necesitas rendir a tu máximo nivel y dar lo mejor de ti, es fundamental sentir que tienes el control, que estás mentalmente concentrado y capacitado. En definitiva, preparado. Cuando no experimentas ese estado pueden aparecer pensamientos y sensaciones como la falta de confianza, los miedos, las dudas o, llegado el caso, los bloqueos. Prepararse para esos acontecimientos destacados significa precisamente atravesar todos esos estados, llevando tu cuerpo y tu mente por distintas fases de control y confianza (en las que te encuentres cómodo), pero también adentrándote en otras donde sientas que no tienes ese control, situaciones que presentan escenarios desafiantes de verdad (muy cerca de tu límite), con el fin de que después te sientas capacitado para afrontar estos retos. Así, es probable que para mejorar necesites recorrer fases de estrés, de recesión y de estancamiento.

A pesar de que el estrés forma parte del proceso, las respuestas ante una situación estresante son individuales. En este sentido, cuando se diseñan planes de rendimiento, es preciso buscar formas de crear soluciones para cada uno. Lo que para alguien puede suponer un gran desafío, para otra persona puede resultar un disfrute. Para que sea eficiente, el estrés ha de ponernos a prueba en mayor o menor medida, implicar un desafío. De hecho, lo adecuado es programar estímulos que te sirvan de forma individual para cumplir tus objetivos, unos que supongan una carga gradual para ti, en forma de desafío físico o mental.

Ahora bien, eso no significa, ni mucho menos, que debas estar siempre bajo estrés, presión o en «modo alerta» en la búsqueda de alcanzar tu mejor versión. Pero tampoco todo el tiempo al cien por cien. Los atletas, por ejemplo, no preparan todas las pruebas para batir récords, y no se encuentran siempre al cien por cien. El camino a la excelencia no es siempre cómodo, ni lineal; tiene subidas y bajadas, serpenteos y desvíos, progresos, estancamientos y recesos. Y todos ellos son necesarios e importantes. Además, cometer errores y correr riesgos también forma parte de este camino, y eso también es estresante. Veamos entonces por qué estresando al organismo de forma deliberada podemos escalar en nuestro potencial.

El estrés es un mecanismo de defensa necesario para la supervivencia. Supone una dificultad para adaptarse a los retos. Y, cuando es deliberado, construye resiliencia: tolerancia al reto o desafío. El estrés no debe considerarse ni bueno ni malo de forma absoluta. Necesitamos ciertos mecanismos de estrés para funcionar correctamente, desde despertarnos y activarnos por las mañanas hasta sobrevivir ante situaciones extremas. Estamos fisiológicamente preparados para superar momentos agudos de estrés. Disponemos de las herramientas necesarias para recuperarnos porque nuestro organismo busca la vuelta al equilibrio. Esta capacidad de autorregulación para la búsqueda del equilibrio se conoce como homeostasis, que es la propiedad del organismo de mantener una condición interna estable, compensando los cambios producidos por el entorno.

La homeostasis

La homeostasis, como proceso dinámico de autorregulación, es el mecanismo que nos ayuda a volver a situaciones estables a nivel metabólico y energético, pero también es extensible a otros sistemas de nuestro organismo, que se autorregulan para mantener la estabilidad ante los estresores. En resumen, es el proceso de mantenimiento de la estabilidad.

Sin embargo, ese nivel de estabilidad tampoco es absoluto; no nos encontramos en un estado permanente de equilibrio. Cuando estresamos al organismo de forma deliberada, exponiéndolo a ciertas cargas físicas, mentales o emocionales, este ha de superarse para poder volver a la calma o alcanzar un estado de armonía igual o superior. Esto vendría a equivaler al dicho: «Lo que no nos mata nos hace más fuertes».

El fenómeno biológico por el cual nuestro organismo genera una respuesta adaptativa ante agentes externos estresantes se conoce como hormesis. Frente a dosis altas, las respuestas para el organismo pueden ser dañinas, pero, por el contrario, el efecto es positivo ante dosis bajas. Es decir, un poco va bien; mucho es perjudicial. Este fenómeno consiste en la capacidad de adaptarse a una situación de estrés para que el organismo aprenda a reequilibrarse, tomar el control y alcanzar un estado de equilibrio superior. Estos mecanismos son fundamentales para adaptarnos y superarnos, para recuperar la estabilidad tras un proceso de autorregulación, superación y adaptación. Por ejemplo, exponerse a la intemperie en lugares con climatología extrema o no poder comer durante largos periodos de tiempo (sin estar adaptados a ello) supondría un esfuerzo demasiado fuerte para el organismo. Sin embargo, exponerse a choques relativamente extremos (deliberados y programados), como el frío o el calor, la hipoxia o el ayuno intermitente, sí genera beneficios para el organismo, tanto fisiológicos como mentales.

Siguiendo estos ejemplos, te presento algunas estrategias prácticas:

- **El ayuno intermitente.** Comer en una ventana temporal restringida (*time restricted feeding*, en inglés) produce beneficios que van desde la mejora del proceso digestivo y la salud de los diferentes órganos que lo integran, o la autofagia, hasta la reducción de procesos inflamatorios o la mejora en la resistencia a la insulina.
- **Exposición deliberada al frío.** En el caso de la exposición al frío, someterse a inmersiones en agua fría (o técnicas de crioterapia) fortalece el estado mental; el frío incrementa la liberación de adrenalina y noradrenalina, lo que ayuda a mantener la claridad mental y la calma mientras el cuerpo se encuentra en un estado de estrés. Es decir, agudiza la atención y genera resiliencia, fuerza mental y tolerancia al desafío. Efectos a largo plazo muestran, además, mejoras en el metabolismo (la composición de los tejidos adiposos y la eficiencia en la metabolización de ácidos grasos), la reducción en procesos inflamatorios (agudos o crónicos de bajo grado) o el aumento de la *performance* deportiva.
- **Exposición deliberada al calor.** Por otro lado, la exposición deliberada al calor (controlada y programada) tiene efectos positivos para ciertas hormonas, ya que reduce los niveles de cortisol y, así, los niveles de estrés, lo que mejora el estado

> de ánimo e incluso llega a tener un efecto analgésico. Además, algunos estudios muestran aumentos masivos de la hormona de crecimiento con la exposición esporádica al calor (en lugar de varias exposiciones a la semana, ya que el cuerpo se adapta).

El estrés también supone una herramienta de superación cognitiva. El estrés cognitivo es, en realidad, el detonante del aprendizaje, que, con una mentalidad de crecimiento, reconociendo la causa estresante y sabiendo cómo utilizarla, canalizarla y cambiarla en positivo, eleva el rendimiento en sí. Entonces ¿podemos utilizar el estrés, la presión, la tensión e incluso la ansiedad de forma deliberada en nuestro favor? Sí, podemos. Este estrés es, en el fondo, lo que nos permite superarnos e incrementar nuestra capacidad de resiliencia y nuestra antifragilidad.* Lo difícil es conocer cómo son las respuestas individuales a esa exposición deliberada al estrés, ya que son únicas y específicas. Como ya he comentado, lo que supone un desafío para una persona puede no serlo para otra. Por ello, con el entrenamiento buscamos desarrollar determinadas cualidades de forma progresiva, sea cual sea la condición que queremos trabajar.

El cuerpo y la mente humana son increíblemente adaptables. ¡Aprovechemos esta capacidad! Ahora bien, para poder causar una adaptación biológica, debemos perturbar la capacidad actual del sistema (nuestro sistema). Cuando esto ocurre, en un primer momento la desorganización del equilibrio reduce el propio rendimiento y provoca fatiga. Es en la fase siguiente, después de una recuperación,

* Nassim Nicholas Taleb, *Antifrágil: Las cosas que se benefician del desorden*, 2013.

cuando el organismo supera este desajuste y se produce la supercompensación, fase en la que aumenta el rendimiento. La clave se encuentra en la correcta interacción de estos dos fenómenos opuestos (el estímulo de un estresor y la adecuada recuperación), cuyo resultado positivo sería el incremento de la *performance*.

Los problemas aparecen cuando las cargas estresantes (autoexigencia, exceso de estímulos, estrés crónico...) se prolongan demasiado en el tiempo, o se supera en exceso la capacidad actual y se sobrepasa el límite de estrés, presión, ansiedad o carga. Es entonces cuando se producen las lesiones o enfermedades (físicas o mentales), los fenómenos conocidos como sobreentrenamiento o extralimitación en el mundo del deporte (*overtraining* y *overreaching*, en inglés), el sentirse consumido (*burnout*, en inglés) o la inflamación crónica de bajo grado. Por eso son tan importantes las dosis, el equilibrio y la recuperación entre cargas o estímulos estresantes (te recuerdo: físicas, mentales y emocionales).

Como vemos, las situaciones de estrés deliberado son importantes a la hora de afrontar escenarios en los que quieres dar lo mejor de ti en momentos específicos: una competición, una actuación, una presentación, un examen. En esos contextos necesitas sentirte preparado, capaz y competente; buscas estar plenamente concentrado y fluir.

¿Cómo podemos prepararnos para estos escenarios?

Podemos prepararnos exponiéndonos a condiciones de estrés y de presión más desafiantes de las que nos encontraremos en la situación para la que nos preparamos. Subir el listón, en el deporte, se programa con estímulos que superen algunos aspectos de la propia competición (mediante ejercicios, habilidades y la manipulación de ciertos parámetros como el volumen, la intensidad o la dificultad) o practicando habilidades por encima de nuestro dominio o pericia, con mayor o menor presión emocional y física. Puedes ensayar la presentación de tu discurso (la lectura de tu tesis doctoral o la exposición de un gran proyecto ante clientes potenciales o la junta directiva) o presentar el nuevo menú de tu restaurante o el próximo producto de tu compañía frente a compañeros exigentes, y exponerte a sus comentarios y consejos constructivos antes de la presentación definitiva. Si bien es cierto que nada supera el momento de la competición en sí (ese acontecimiento determinado o excepcional), es importante proponer tareas para retar al organismo y la mente, llevándolos a límites que te sirvan para aprender a gestionar cómo regularte en momentos de máxima demanda. Te invito a reflexionar cómo podrías prepararte para situaciones más desafiantes en tu contexto, para tu reto.

Anticiparse a situaciones inesperadas, y al error, también es un tipo de gestión del estrés. Cuenta con lo mejor; prepáratc para lo peor. Se trata de prepararse para seguir compitiendo si se te rompe una zapatilla, te quedas en blanco en la coreografía, te dan un golpe, se apaga el proyector, te hacen una pregunta comprometida, tu contrincante te lleva ventaja, te sientes presionado por tu audiencia, el ambiente es hostil o te bloqueas. En definitiva, consiste en proyectar situaciones fuera de tu control que pueden suponer un estrés puntual para desarrollar recursos y aprender a gestionarlas.

En conclusión, el estrés deliberado es necesario para retar al cuerpo y la mente, para poder superarnos y adaptarnos al entorno, a una nueva tarea, reto o desafío. A su vez, cuidaremos de que este estrés sea programado y no se prolongue en el tiempo. Veamos con qué mecanismos biológicos contamos para ello.

CONTAMOS CON NUESTRA BIOLOGÍA

El organismo humano es de una complejidad extraordinaria. A pesar de que en el último par de siglos los sistemas que lo integran se han clasificado y estudiado en diferentes categorías, probablemente para intentar simplificar su compresión, estos están interrelacionados en mayor o menor medida. El cerebro, el sistema nervioso, el sistema endocrino, el sistema inmunitario o los sistemas sensoriales forman parte (entre otros) de nuestra biología. Influyen en los pensamientos, sensaciones, emociones y respuestas conductuales, y, a su vez, responden y reaccionan ante estos. Nuestra biología me parece fascinante, y es que es la respuesta a muchas cosas; cada día se avanza más en su comprensión, y esto se logra integrando diferentes disciplinas de conocimiento y la visión occidental con la oriental, con lo que se alcanza un mayor entendimiento holístico de la relación cuerpo-mente. Conocer las características básicas de algunos de estos sistemas puede ayudarte a entender qué ocurre en tu organismo y a utilizar estos mecanismos en tu beneficio.

El sistema nervioso

El sistema nervioso se ha considerado durante mucho tiempo el que gobierna todos los demás. Integrado por el cerebro, la médula espinal y los nervios del cuerpo, cuenta con las neuronas como unidades base. Estas se comunican mediante electricidad y segregando sustancias químicas (señales electroquímicas), es decir, a través de pulsos de información. Por otro lado, la retina recibe las señales eléctricas (luz percibida por los ojos), que viajan a través del nervio óptico al cerebro, el cual recibe esta información y la convierte en nuestra realidad. El cerebro actúa, de ese modo, como centro de mando y fusión de la información (la corteza prefrontal ejerce de principal centro regulador de la conducta), ajustando nuestro comportamiento en función de las circunstancias. El cerebro es el encargado de percibir el entorno y decirnos cómo actuar; crea y procesa nuestras emociones, así como nuestras reacciones ante ellas, las ideas, la toma de decisiones, el procesamiento de la memoria y del aprendizaje, la percepción de nuestra posición corporal (propia y en el espacio) o el control motor y del movimiento, entre otras funciones. El lóbulo frontal, la parte más evolucionada del sistema nervioso humano, constituye el núcleo de la observación, la atención, la concentración y el control de las emociones y del aprendizaje. Este es el sistema de la conciencia y concienciación.

Funciones del sistema nervioso central (SNC)

Las funciones del SNC incluyen la percepción y el análisis de los estímulos que actúan en el cuerpo humano (sentir, administrar y responder a los cambios externos e internos del entorno); la regulación y coordinación de tejidos y órganos; la organización del movimiento; la comprobación de que el cuerpo se adapta a los cambios del entorno, y la organización sistémica del comportamiento humano de acuerdo con sus necesidades.

El cerebro es altamente adaptativo. Y es que podemos entrenar las neuronas para que hagan casi cualquier cosa. Cuando hablamos de aprender habilidades nuevas para aumentar tu potencial o dominar las existentes para alcanzar la excelencia, este órgano adquiere un gran protagonismo. El cerebro tiene una capacidad extraordinaria para cambiar o reconfigurar su estructura, funcional y físicamente (cambios en el estado, la actividad y las conexiones entre neuronas, nervios y redes neuronales), en respuesta al estímulo ambiental, la demanda cognitiva, la experiencia conductual o el ejercicio físico. Esta propiedad se conoce como neuroplasticidad, y consiste en el proceso de las alteraciones funcionales y estructurales del cerebro que permite la adaptación al entorno, el aprendizaje y la memoria, así como la rehabilitación tras un daño cerebral.

¿Cómo entrenamos la neuroplasticidad del cerebro?

Puede que hayas oído que el cerebro, como los músculos, se puede entrenar. Pero esta analogía es delicada, porque cuando entrenas los músculos ves el progreso, tienes un *feedback* más inmediato: tu ganancia de fuerza o la disminución de tu porcentaje graso son apreciables, tangibles. En cambio, en el cerebro los cambios no los ves, pero están pasando. La mejor manera de entrenar el cerebro es la repetición (y el esfuerzo). La explicación técnica sería la siguiente: la repetición, tanto la óptima como la errónea —paradójicamente, esta última se requiere también para forjar los canales idóneos—, activa los mecanismos de la potenciación y depresión (inhibición) sinápticas que permiten los cambios neuroplásticos en el cerebro. Como resultado, cada vez que practicas y repites una habilidad, se fortalecen las vías neurales (conexiones neuronales) involucradas en conseguir que esa capacidad llegue a ser lo más eficiente posible. Primero, los patrones se forjan temporalmente (cambios químicos que rodean a la neurona), pero, a medida que practicas, esas alteraciones químicas se vuelven estructurales. Con el tiempo, las neuronas cambian de forma y de posición, y las conexiones se fortalecen. Igual también te resulta familiar el concepto de memoria muscular, que consiste en que, cuando hemos aprendido una habilidad y volvemos a realizarla al cabo del tiempo, los músculos tienen memoria y la recuerdan. No obstante, en realidad la memoria muscular radica en la fuerza de las conexiones neuronales del cerebro. No son los músculos los que «aprenden» y «recuerdan»; es el cerebro.

A pesar de que, como he introducido al inicio, se pensaba que el cerebro era el responsable de orquestar nuestro organismo, recientemente se está avanzando en la bidireccionalidad del SNC y otros sistemas, y cómo estos influyen también en el cerebro. Por ejemplo, la memoria está vinculada con la emoción, pues lo que nos motiva se aprende antes; la información del sistema digestivo (en concreto, el intestino) impacta directamente en la amígdala, relacionada a su vez con las emociones. El hipotálamo también conecta con las vísceras, las emociones, el sistema endocrino y, por lo tanto, con muchas funciones del organismo, como la regulación de la temperatura corporal, la frecuencia cardiaca o la presión arterial.

El sistema nervioso autónomo

Hemos visto que estresar al organismo es una parte imprescindible del proceso de superación, pero también cómo el estrés prolongado, estar en «modo alerta» de forma duradera, repercute negativamente en el organismo. No estamos diseñados para mantenernos en alerta permanente; por ello, disponemos de un increíble sistema que gobierna nuestra activación y relajación, el sistema nervioso autónomo (SNA), formado por una red de nervios que recorre todo el cuerpo y controla los procesos inconscientes. Este, a su vez, se divide en tres sistemas que se integran en el cerebro —de los cuales aquí destaco dos— y que, aunque trabajan a diferentes velocidades, se complementan para regular nuestra biología. El SNA, mediante neuronas y neurotransmisores, funciona como un pulsador con dos «interruptores», uno que nos activa y nos hace estar alerta (el sistema nervioso simpático), y otro que nos permite desconectarnos y recuperarnos (el sistema nervioso parasimpático). Ambos son esenciales para nuestro bienestar, o, más bien, el equilibrio entre ambos resulta clave para la supervivencia.

El sistema nervioso simpático es el encargado de regular las funciones que dan señales a nuestro organismo con el fin de que se prepare para la acción; es el responsable de la respuesta de «lucha o huida» del cuerpo (lo que en inglés se conoce como el sistema *fight-or-flight*). Cuando se activa en respuesta a un estresor externo, se ponen en marcha los mecanismos de alerta del cuerpo y del cerebro, la adrenalina entra en acción, se incrementa la frecuencia cardiaca, los vasos sanguíneos se contraen, se dilatan las pupilas, la mente se agudiza... En definitiva, nos pone en la posición adecuada para afrontar peligros, amenazas, desafíos o retos. Es el sistema que apoya la acción, la preparación y la competición. Debido a su función de preparación ante el peligro, este sistema se activa de forma muy rápida, pero, una vez activado, cuesta tiempo desactivarlo. En cambio, el sistema nervioso parasimpático se encarga del efecto opuesto; es el responsable del descanso, la relajación y la desconexión, y de aquellas actividades como la preparación para alimentarnos, la digestión o la estimulación genital previa al sexo (sistema *rest-and-digest*, en inglés). Cuando este se activa, entran en juego las hormonas del bienestar, como la serotonina y la oxitocina; disminuyen la frecuencia cardiaca y la presión sanguínea; aumentan la actividad peristáltica y la secreción de saliva antes de las comidas, y se favorece la digestión y la relajación intestinal para el vaciado de productos de desecho. En este sistema se apoya la recuperación, que conforma la tercera parte del libro.

¿Por qué es importante tener presentes estos sistemas y su funcionamiento? Para entender, primero, que estar en «modo alerta» permanente de forma no deliberada, por un contexto de estrés involuntario, no es solo estresante para el organismo *per se*, sino también perjudicial, puesto que este no se autorregula y no consigue volver a ese estado de homeostasis necesario. Recuerda, no es posible rendir en un estado permanente de estrés. Por otro lado, es importante conocer cómo regular y manipular estos sistemas, cómo activarnos para el estímulo o reto que va a acontecer y, muy importante, cómo recuperarnos y desactivarnos. La preparación física y mental para la acción, pero también para la relajación y recuperación.

El sistema endocrino

También contamos con el sistema endocrino, formado por órganos y glándulas encargados de crear y liberar hormonas. Las hormonas (que son señales, paquetes de sustancias químicas) se liberan y, transportadas en sangre, llegan a órganos y tejidos. Tienen un impacto enorme en todo el cuerpo, en el modo en que pensamos y en nuestros comportamientos. Y es que este sistema afecta a prácticamente todas las funciones del organismo, como el apetito y la sed, el metabolismo, los niveles de insulina en sangre, el crecimiento y desarrollo, la presión arterial, el equilibrio del agua, el sueño, la temperatura, el sistema inmunitario, el apetito sexual y la reproducción (fertilidad y función sexual), las emociones o los estados de ánimo. Este complejo sistema es responsable de enviar los mensajes específicos (reacciones químicas) de cómo hay que actuar, así como de cuándo hacerlo; es decir, de las reacciones hormonales ante lo que va a acontecer, lo que está ocurriendo o lo que ha sucedido.

Una vez más, nuestro organismo regula la secreción de hormonas para que se encuentren en equilibrio. Si, por ejemplo, la glándula pituitaria percibe cambios en el equilibrio hormonal, se activan los mecanismos para producir o dejar de producir ciertas hormonas, y así restaurar el equilibrio. Testosterona/cortisol, progesterona/estrógenos, insulina/glucagón o grelina/leptina, entre otros, son pares de hormonas agonistas/antagonistas. Cada una tiene sus funciones, importantísimas, pero han de poder trabajar en equilibrio.

Tratar todas las hormonas sería abrumador, pero comprender la función de algunas de ellas es importante porque puede ayudarnos a entender nuestras reacciones, comportamientos o emociones ante determinadas circunstancias. Así pues, a continuación te presento las funciones principales de algunas de ellas.

Hormonas, rendimiento y regeneración

Antes se pensaba que la dopamina era la hormona de la recompensa por haber conseguido un objetivo, de la satisfacción por haberlo logrado, del placer del premio. Hoy en día, en cambio, se cree que es el principal químico para la motivación: participa en la búsqueda y en la recompensa placentera de la tarea o acción que vamos a llevar a cabo, y es la manera que tiene el cerebro de animarnos a actuar, puesto que constituye la principal hormona de la recompensa futura. Se segrega dopamina como anticipación a lo que va a suceder, y, por lo tanto, afecta al comportamiento. Cuanta mayor recompensa suponga la tarea y mayor sea la cantidad de dopamina segregada, más adictiva será la experiencia y mayores probabilidades existirán de que se quiera repetir. Por ello, esta hormona apoya las metas y orienta nuestros pensamientos y acciones. También se conoce como la base para la exploración, ya que ayuda en el reconocimiento de patrones y, por consiguiente, en la creatividad, e impulsa procesos novedosos e impredecibles, la sorpresa, lo inesperado. Además, el estar enfocado también se respalda en esta hormona.

Nuestro cuerpo segrega otras hormonas, como la insulina y el glucagón, reguladoras de los niveles de glucosa en sangre. La oxitocina es el neuroquímico modulador de comportamicntos sociales y sentimentales, y patrones sexuales; es la hormona de la empatía, la alegría, el amor, la confianza o la amistad; de la lealtad, la calma y la seguridad. La epinefrina y la norepinefrina (las versiones cerebrales de la adrenalina y la noradrenalina) se encargan de mantenernos alerta, del nivel de concentración y de agitación, de producir energía o del deseo de moverse. Las endorfinas son hormonas del placer, calmantes del estrés, que producen esa sensación eufórica de felicidad relajada. La serotonina, en contraste con las endorfinas, promueve la calma, la saciedad, la satisfacción; se dice que es la hormona del bienestar y de la felicidad (contrapuesta a la hormona del placer, la dopamina), al igual que el ácido gamma-aminobutírico (GABA), que favorece la calma y la tranquilidad. Todas ellas, entre otras, responden a nuestros comportamientos e influyen en ellos, y conocerlas puede ayudarnos a entendernos mejor.

El cortisol, por otro lado, se conoce como la hormona del estrés y suele tener muy mala fama. Es cierto que si se mantiene elevado de forma permanente indica que el organismo se encuentra en constante estado de alerta, lo cual es negativo. Sin embargo, el cortisol es una hormona beneficiosa para el estado de alerta y energía, y por ello se segrega alrededor de la hora de despertarnos, y para activarnos. Además, tiene un papel importante en la regulación del metabolismo, para reducir la respuesta inflamatoria, e incrementa nuestros niveles de alerta. Ahora bien, efectivamente, el estrés prolongado causará el efecto contrario: unos niveles de cortisol elevados a largo plazo tendrán efectos en numerosos planos, como la supresión del sistema inmunitario, el padecimiento de enfermedades cardiovasculares o la afectación de procesos digestivos o cognitivos, por nombrarte algunos.

Otra hormona quizá más olvidada en la literatura divulgativa es la hormona de crecimiento (HC), que afecta al metabolismo y al crecimiento de los tejidos del cuerpo, y es responsable de su reparación. A medida que envejecemos, la cantidad de HC que segregamos disminuye, y por eso es importante utilizar estrategias para segregarla. Liberamos HC todas las noches, particularmente al inicio del sueño. Algunos tipos de ejercicio (de alta intensidad, y no extensos en el tiempo), el ayuno o la exposición al calor (sauna) incrementan la segregación de esta hormona.

El sistema inmunitario

Otro sistema relevante en este contexto es el inmunitario, en cuyo conocimiento, funcionamiento y potencial ilimitado se avanza cada día más. Este sistema es imprescindible para nuestra supervivencia. El cuerpo humano se encuentra en ciclos constantes de equilibrio-desequilibrio-reequilibrio-equilibrio. A diferencia de otros sistemas, compuestos por órganos o estructuras específicas, el inmunitario está en todo nuestro cuerpo. Formado por la piel, las membranas mucosas, los órganos y tejidos del sistema linfático, y las células del sistema inmunológico (glóbulos blancos o neutrófilos, macrófagos y células dendritas), es nuestro bastión de defensa contra lo extraño y lo dañino, y resulta efectivo en extremo para eliminar, comunicar y generar memoria para el futuro.

Está compuesto por dos sistemas que trabajan de forma conjunta. Por un lado, el sistema inmunitario innato, que es con el que nacemos (adquirido incluso antes de nacer, vía material genético, factores hereditarios o transferencia de los anticuerpos de la madre durante el embarazo), y consiste en el sistema de respuesta rápida y reactiva. Por otro lado, contamos con el sistema inmunitario adaptativo o adquirido, el cual se va formando a medida que nos exponemos al entorno y a nuestro estilo de vida, para que aprendamos a defendernos por nosotros mismos. Este último es el motivo por el cual el sistema inmunitario de cada persona es diferente y único. Tiene una respuesta más lenta, pero igualmente precisa. Esta es específica para distintos patógenos y agresores, y posee una gran capacidad de generar memoria con el fin de reconocer agentes extraños previos y actuar de forma más rápida y eficiente. Entrenar el sistema inmunitario es esencial; igual que con los músculos, es necesario flexibilizarlo para que pueda actuar de forma rápida y eficaz; por ejemplo, exponiendo el organismo a gérmenes desde la infancia para que sepa reconocerlos, defenderse y memorizarlos a fin de prevenir futuras enfermedades o infecciones, o, sencillamente, actuar con rapidez en el futuro.

Al llevar a cabo una de sus principales funciones —defendernos de lo extraño y atacar esos agentes que pueden ser perjudiciales para nuestro organismo— se produce el fenómeno de la inflamación, un mecanismo de defensa necesario e indispensable para la curación. La inflamación tiende a verse como algo negativo, pero en realidad constituye la prueba de que el sistema inmunitario está haciendo su trabajo, puesto que es el resultado de que las células del sistema inmunológico estén activadas y se encuentren en la localización del cuerpo donde son requeridas para atacar la amenaza. Este tipo de inflamación se conoce como inflamación aguda y es resultado de una inflamación transitoria, normalmente producida por un traumatismo puntual (golpe, contusión, herida...). El cuerpo es una máquina muy eficiente en muchísimos aspectos, y dejarlo actuar o entrenarlo para que sepa recuperarse por sí mismo es importante. Pero también lo es ayudarlo en ciertas ocasiones, incluidos estos traumatismos o cargas exigentes, y, sobre todo, no mantenerlo en estado de alerta constante, porque no está diseñado ni es tan eficiente para ello. Al contrario, como te habrás dado cuenta, lo que busca de forma constante es el equilibrio. Y precisamente el equilibrio resulta también fundamental en este sistema.

El otro tipo de respuesta inflamatoria es de tipo crónico (como puede ser la inflamación intestinal de bajo grado), y constituye uno de los males modernos, causado por el estilo de vida que llevamos, en el que emergen factores como el estrés, el desequilibrio hormonal, una alimentación deficiente, el acceso a comida 24/7, el abuso de antibióticos, la falta de recuperación adecuada, la alteración de ciclos de sueño-vigilia o la falta de ejercicio, por nombrarte algunos. Corregir la inflamación crónica o de bajo grado es uno de los aspectos a los que se está prestando más atención, sobre todo desde una perspectiva integrativa y preventiva (no solo curativa, que sería la perspectiva tradicional de la medicina occidental). No podrás rendir con eficacia si estás siempre inflamado, alerta y tu sistema inmunitario trabaja todo el tiempo. No voy a desarrollar el tratamiento para la inflamación crónica de bajo grado; pero si incluyes en tu estilo de vida algunas de las recomendaciones que expongo, probablemente te ayudarán a controlarla.

En definitiva, a lo largo de nuestra historia los humanos hemos pasado por hambrunas, escasez, desastres naturales y enfermedades, y también por la exposición extrema al frío y al calor. Estamos más acostumbrados, evolutivamente hablando, a la carencia que a la abundancia. Tenemos la fascinante habilidad de adaptarnos a las circunstancias y perseverar. Somos increíblemente resilientes. Nuestro organismo posee una capacidad extraordinaria para sanar y superar situaciones de estrés, algo que sucede en buena medida gracias a nuestro sistema inmunitario. Ahora bien, hay que cuidarlo, alimentarlo, fortalecerlo y regenerarlo.

5

El exterior: los recursos, el contexto y el entorno social ¿suman o restan?

En diversas ocasiones me han preguntado qué diferencias destacaría entre el deporte profesional en España (mi país de nacimiento) y Estados Unidos (donde he desarrollado mi carrera en el deporte profesional). Basándome en mi experiencia, uno de los aspectos más positivos que subrayaría del escenario estadounidense es la inversión en todo lo que rodea al deportista: infraestructuras, centros deportivos, procesos, tecnología, innovación (investigación y desarrollo), así como personal de apoyo, detección de talento (profesionales que trabajan con y para el deportista) y el valor que dan a las personas. En pocas palabras, resaltaría la inversión en recursos materiales y la apuesta por los humanos. Y es que hay que cuidar al deportista-persona, rodeándolo de las mejores condiciones y de los mejores profesionales posibles. Si lo extrapolamos a nuestro contexto, es necesario preservar y proteger el entorno, si es el adecuado, y las personas que lo integran.

LOS RECURSOS

En la vida, como en el deporte, necesitamos un entorno y unas condiciones que impulsen nuestro rendimiento. Esto no quiere decir que debamos contar siempre con las instalaciones o el equipamiento más caros y sofisticados para rendir a nuestro máximo nivel, pero es cierto que disponer de un contexto y unos recursos favorables potencia nuestras posibilidades de éxito. Cuidar los aspectos satélite de la práctica deportiva es algo que, desde una visión multifactorial, multidisciplinar, holística e integradora, resulta vital. En el deporte se ha justificado la importancia de aspectos satélite, o ganancias marginales a la propia disciplina deportiva, con el argumento de que cuidar hasta el más mínimo detalle puede suponer la mejora del 1 por ciento del rendimiento, y de que ahí, en ese estrecho margen, puede encontrarse la diferencia entre una medalla de oro y una de plata. A lo largo de la historia hallamos multitud de ejemplos de personas, líderes y organizaciones que han abogado por buscar cualquier área que contribuya a alcanzar esas ganancias marginales, que al ir sumándose pueden llegar a marcar esa diferencia. El impacto de los detalles puede ser enorme.

La importancia de la tecnología

La tecnología está estrechamente ligada a la innovación, y las medallas ya no se ganan solo con sudor. La evolución tecnológica (y de la información que esta puede aportar) ha beneficiado todos los campos de conocimiento imaginables, incluidos la medicina, la biología, la biomecánica, la fisiología o la neurociencia, entre muchos otros. La esencia de la competición deportiva consiste en **entrenar, competir, recuperar y repetir**. Sin embargo, al más alto nivel de rendimiento, la tecnología proporciona ya información que, al igual que ha sucedido en otros sectores, puede ser determinante, un *game changer*.

Ejemplos de avances tecnológicos en el rendimiento deportivo

Hace apenas una década, la medición de la temperatura corporal central requería una técnica invasiva (por ejemplo, la temperatura rectal), pero hoy en día se puede realizar esa misma medición ingiriendo una pequeña pastilla, o con cámaras no invasivas de detección de temperatura corporal. En la actualidad existen medidores portátiles o *wearables*, prendas, parches y relojes que evalúan la función cardiorrespiratoria, los patrones de movimiento, la composición del sudor, el nivel de hidratación, la oxigenación de los tejidos, los niveles de glucosa o lactato, o los patrones de sueño. Existen dispositivos y aplicaciones que permiten a los profesionales realizar análisis biomecánicos que ya no requieren marcadores (como el análisis digital de movimiento o los sistemas *markerless*), analizar las propiedades contráctiles de los músculos de forma superficial, medir la velocidad de levantamiento de pesas en tiempo real, monitorizar posición-distancia-velocidad y calcular múltiples derivados de estos (por ejemplo, sistemas de posicionamiento global o GPS) o crear sistemas de realidad aumentada y virtual (es decir, AR y VR); y la lista continúa. Podemos encontrar casos en equipos de esquí, trajes de baño, cascos, bicicletas, motos o canoas más aerodinámicas, así como en entornos de entrenamiento (VR y AR, simulador de F1 para preparar carreras o túneles de viento).

La tecnología es cada vez más pequeña, más rápida, más eficiente y más asequible. En esencia, más inteligente. Pero esta no solo es foco de atención del rendimiento (deportivo) actual. En áreas como la biomedicina, los análisis biométricos avanzados y los estudios genéticos son cada vez más habituales entre la población. Hay tecnología que te permite conocer tu frecuencia cardiaca o tus niveles de glucosa en tiempo real, para poder ajustar desde tu respiración hasta el control de tus emociones o el contenido de tus comidas. Pero no solo eso; existe tecnología que te posibilita ser más eficiente en tu día a día, en tu vida personal, en tu trabajo. En algunos contextos, no disponer de los recursos necesarios, de las últimas innovaciones, puede suponer no ser capaz de desarrollar tu máximo potencial.

EL CONTEXTO

Es necesario tener presente que hay aspectos del contexto que no siempre resultan ideales (el clima, la comida, el alojamiento, la presión del propio entorno...) y que, en algunas ocasiones, habrá situaciones específicas que se encontrarán fuera de nuestro control. Se trata de poner el foco de atención en lo controlable frente a lo que no se puede controlar, y gestionar esto último lo mejor posible.

Desde un abordaje mental, cuando el entorno contextual supone un desafío, aquellos más preparados mentalmente son capaces de reconocer ese entorno diferente y adaptarse. No permiten que las condiciones tengan un efecto negativo sobre ellos; al contrario, utilizan cada aspecto de ese contexto para buscar y generar una ventaja, incluso en aquellos entornos más complejos. Ven estos factores como retos que han de superar para elevar su rendimiento. Por otro lado, también es importante contar con un entorno que promueva la novedad, la incertidumbre y la complejidad, ya que estimulará el cerebro promoviendo el aprendizaje y el crecimiento.

EL ENTORNO SOCIAL

Rodearte de los mejores te hace mejor. Se produce una especie de mimetismo, se magnifica la motivación, se intensifica la concentración, se está más alerta; es como absorber lo óptimo mediante representaciones mentales y visuales, tener la referencia de la excelencia y de la inspiración, e integrarlo. Entrenar con los mejores te hace mejor. Esto lo he tenido claro desde que era adolescente y tuve la oportunidad, con quince años, de ir a entrenar a un centro de tecnificación de deportistas, con las mejores nadadoras de natación artística de nuestro país (que acabarían siendo referentes mundiales de éxito). Yo podía tener cualidades, pero no habría alcanzado el nivel al que llegué, deportivamente hablando, sin haber estado en el entorno adecuado para la excelencia.

Siempre he intentado aprender de los mejores, ya sean profesores, entrenadores, compañeros de profesión, divulgadores, científicos, escritores o líderes. Sin embargo, al margen de mis propias experiencias, mi trayectoria profesional me ha enseñado que para rendir al máximo es vital rodearse de personas que te ayuden y apoyen tus retos. Una vez definidas tus prioridades y objetivos, y conociendo tu contexto, es importante contar con las personas que te acompañarán en ese proceso. ¿Quién ha conseguido algo realmente importante por sí solo? Incluso el deporte individual supone, en realidad, una labor de equipo. Aunque el resultado final pueda depender de ti, el trabajo en equipo que suma hace más gratificante el camino.

Conseguir logros cuando estás rodeado de este tipo de personas conllevará, probablemente, que estas reconozcan tus progresos y tus éxitos, te animen y apoyen, te hagan sentir orgulloso y se sientan orgullosas de ti, pero a la vez te desafíen cuando no estés en el camino o te desvíes.

Por otro lado, pedir ayuda para superarse no es una debilidad; al contrario, supone una fortaleza y un acto de sabiduría. Puedes incluir en este grupo desde ese líder que te guíe e inspire (como un entrenador, coach o mentor) hasta expertos para cubrir una necesidad o mejorar algún comportamiento (una nutricionista, un psicólogo, un técnico experto), pasando por especialistas diversos (un fisioterapeuta, un coach en meditación o respiración, un diseñador, un comunicador), o un compañero de vestuario, de trabajo, un familiar o un amigo.

La figura del mentor

El rol del entrenador se entiende perfectamente en el contexto deportivo: es el líder que dirige la orquesta para maximizar el rendimiento del grupo e impulsar y acompañar al deportista-persona. Como en muchas ocasiones, este (también conocido como jefe o superior) puede hacer honor a esa responsabilidad o no, pero, en cualquier caso, es probable que eso esté fuera de nuestro control. Por lo tanto, centrémonos en lo que sí podemos controlar.

Buscar mentores experimentados que puedan ayudarte a progresar debería formar parte de cualquier proceso de maximización del potencial humano: gente que te sirva de guía, que posea experiencia en temas determinados y pueda aconsejarte e influirte positivamente. Rodéate de personas que te inculquen los hábitos adecuados. Déjate inspirar por aquellos a los que quieres alcanzar o superar, aquellos que te reten a ser mejor incluso en tareas cotidianas, a los que admires y puedan ser un reflejo en el que apoyarte. Rodéate de aquellos que puedan ser mentores, y quizá algún día podrás devolver la ayuda con tus conocimientos y experiencias convirtiéndote tú en mentor, generando respeto mutuo. Enseñar es una forma extraordinaria de seguir aprendiendo.

Eso no significa que esos mentores deban estar siempre ahí, que no puedan cambiar o ajustarse a tus necesidades, incluso aparecer y desaparecer a lo largo del proceso. De hecho, creo mucho en los mentores que promueven la autonomía y no la dependencia, en aquellos que otorgan herramientas y que no tienen la inseguridad de ser superados por el alumno, porque esto a su vez los hará mejores a ellos mismos. Tampoco pasa nada si descubres que alguien a quien admirabas o que te inspiraba, en realidad, no suma como esperabas. Igual que en el resto de los aprendizajes, también se descubre mediante el ensayo y error quién te aporta lo que necesitas, quién te reta de verdad a superarte, te inspira y te acompaña. También podría pasar que, en un momento determinado, necesites un empujón extra; no tengas miedo de pedir ayuda.

La figura del experto

Tal vez en algún momento necesites contar con un especialista formado, actualizado y honesto, ya que puede suponer un extra en determinados momentos. Hoy en día es cada vez más habitual encontrar profesionales superespecializados en ciertas áreas de trabajo, como la nutrigenómica o microbiota dentro de la nutrición, la terapia manual dentro de la fisioterapia, el entrenamiento de la fuerza dentro de la preparación física, el sueño dentro de la recuperación, o el liderazgo de personas dentro de la dirección de equipos, entre muchos otros (seguramente te vendrán a la cabeza casos específicos en tu contexto). A pesar de ser expertos en sus áreas de pericia, resulta cada vez más habitual que un nutricionista te pregunte cómo estás durmiendo (puesto que afecta al metabolismo o a los niveles de cortisol —y, por lo tanto, a la regulación de la inflamación—, entre otros factores), o que tu psicólogo te pregunte cómo estás comiendo y si eres activo físicamente (porque afecta a tu estado de ánimo). Aunque cada vez hay más especialistas que contemplan a la persona como un todo, estos seguirán aportándote, especialmente, en sus áreas de conocimiento.

En el contexto deportivo, y seguramente todavía más en el alto rendimiento o en cualquier entorno de máxima eficiencia, es muy difícil que una sola persona pueda cubrir todas las necesidades para que otra alcance la excelencia. Cuanto más arriba estás, mayor puede ser el equipo que necesites, y más los especialistas que lo nutran. Por eso, cuando una sola persona promete que con su trabajo (o con su producto) te lesionarás menos, marcarás más goles, ganarás más dinero o vivirás más tiempo, está haciendo una promesa ilusoria. El trabajo en equipo (o equipos multidisciplinares) supone un activo más potente. Recuerda que tener un equipo que avanza en la misma dirección, que suma, reta y apoya, es un activo poderoso.

Tu tribu

Además de la figura del mentor o experto, es fundamental encontrar tu equipo, comunidad o tribu. Cuesta mucho, en mi opinión, encontrar conexiones especiales, y por eso las valoro tanto cuando aparecen. Formar parte de un colectivo fomenta el sentimiento de pertenencia, te permite ser tu yo más auténtico, formar parte de un clan en el que puedes ser tú mismo y no necesitas cambiar para sentir que encajas; hablamos de personas con objetivos, valores y comportamientos similares a los tuyos o a los que aspiras, de grupos donde se comparten actividades, hábitos y aspectos que definen tu identidad. Rodéate de gente que te aporte inspiración, pero también provocación para conseguir tus propias metas. A todos nos gusta sentirnos valorados, que se nos reconozca el esfuerzo en lo que hacemos. Queremos sentir que siendo nosotros mismos, o con nuestro trabajo, somos valorados por el grupo. Cuando formas parte de un equipo así, el propio grupo te estimula a seguir, te alienta y te apoya, e incluso pueden generarse pequeñas rivalidades positivas que te sirvan para seguir desarrollándote. Formar parte de un equipo así es increíblemente especial y gratificante.

Pertenecer a una comunidad con ideas afines, con una visión compartida, no significa que se deba coincidir en todas las características. Una comunidad integra a sus miembros respetando sus individualidades. La diversidad es, de hecho, una de las cualidades más potentes que puede tener una tribu; es decir, que sus componentes compartan aspectos como los descritos, pero que a su vez posean personalidades distintas, aunque complementarias. La diversidad con visión compartida es un elemento absolutamente enriquecedor. En resumen, escoge con quién vas a compartir el proceso, celebrar las victorias y minimizar las derrotas.

Interconexión con tu entorno

Me encanta la analogía que establece Shawn Achor con la idea de construir tu galaxia: «Puedes ser una superestrella, pero no puedes serlo sola; necesitas un *star system*, una constelación positiva, auténticos influenciadores que te apoyen y se apoyen mutuamente». Así nos hacemos mejores los unos a los otros. Las investigaciones en rendimiento muestran que para alcanzar el máximo potencial no siempre necesitamos ser el más fuerte, listo o creativo, sino que «el éxito (también) depende de lo bien que conectas, contribuyes y beneficias al ecosistema de gente a tu alrededor», como también afirma Shawn Achor.* No tienes por qué rodearte de personas mentoras, expertas, que formen parte de tu tribu o entorno, con la única motivación de que te hagan mejor a ti (relación unidireccional); tú también dejarás huella en otras personas. Elevarás tu potencial si cuidas, alabas, refuerzas, apoyas, motivas, inspiras y haces brillar a aquellos que forman parte de tu ecosistema.

Entornos sociales tóxicos

Una cosa es aceptar tu entorno social para poder adaptarte si es necesario, y otra admitir que, a la hora de intentar sacar lo mejor de ti, has de estar en el entorno apropiado. En ocasiones no se trata de adaptarse ni de poner todos los esfuerzos en encajar, sino de buscar (y ojalá encontrar, porque no es tan fácil) ese entorno en el que puedas ser tú mismo, quien realmente eres, sintiendo que

* Shawn Achor, *Big Potential*, 2018.

perteneces. De la misma manera que el ecosistema de nuestro alrededor fomenta nuestro potencial, también puede mermarlo, e impacta no solo en nuestro rendimiento, sino también en nuestro bienestar, éxito y felicidad.

Habrá gente de tu entorno que te cuestionará, que te desanimará a la hora de afrontar el camino que quieres seguir, elegido por ti, siendo como eres. A veces pensarán que saben qué es lo mejor para ti, y lo harán pensando en tu propio bien. Pero al final, si a ti no te hace feliz, difícilmente será para tu propio bien, aunque parta de sus mejores intenciones. Un ejemplo es cuando sientes que puedes conseguir tu desarrollo personal llevando a cabo una determinada actividad (carrera, profesión o hobby, como dedicarte a una profesión artística, escoger un trabajo tradicionalmente dominado por un perfil masculino siendo mujer o tomarte un año sabático para descubrir lugares y culturas diferentes) y alguien de tu entorno te desanima, pues no le parece lo más adecuado, bajo su prisma y manera de ver las cosas. Pero, ojo, esa será su visión, no la tuya. Si algo te apasiona, ve a por ello. O al menos inténtalo, para sentirte orgulloso de que valía la pena probarlo, ya que el peor escenario será el aprendizaje que te lleves de la experiencia. Desde otra perspectiva, puede que sientas que quieres dejar un puesto de trabajo en una organización de prestigio (porque te hace infeliz) o una pareja estable (porque no te completa como necesitas). Si algo ya no te llena o te hace infeliz, cámbialo, y si en ese preciso instante no puedes, prepara el camino para cuando llegue el momento apropiado.

Por otro lado, también he comprobado lo tóxica que puede ser para nuestro desarrollo la gente que influye de forma nociva, que solo aporta negatividad, desanima, genera inseguridades o cuestiona el proceso; que no solo no apoya ni anima, sino que incluso resta y hunde. Generalmente este tipo de influencias negativas las ejercen aquellas personas que se sienten superiores, creen tener la razón o poseen egos desmesurados (sea de forma consciente o inconsciente). Algunas se ponen a la defensiva o muestran comportamientos negativos, quizá por sus propios miedos, inseguridades o cicatrices. Hay personas que odian, envidian, manipulan y conspiran. Son egoístas, mentirosas, soberbias, irrespetuosas, insoportables, interesadas, trepas, mediocres, desagradables, destructivas y aniquiladoras del talento. Son aquellas en las que no puedes confiar. Identifica, en lo posible, a estas personas... para mantenerlas alejadas o, al menos, para no permitir que influyan en ti, de la mejor manera que sepas. Aléjate de presiones negativas que no aportan nada y de las malas influencias. Evita aquellos entornos donde haya gente que te haga sentir intimidado o inútil, te humille, anule o aísle. La opinión o el juicio de gente tóxica, conocida o anónima, probablemente cobarde y con mayores inseguridades que tú, no debería pasar por encima de tu opinión, tus valores y tu identidad. En ocasiones, la mejor respuesta es la ignorancia o el silencio, limitarte a centrarte en lo tuyo; en otras situaciones, puede que lo suyo sea plantar cara, y en otras, el mayor acto de valentía (o supervivencia) es marcharse, alejarse, dejarlas atrás.

Existirán presiones contextuales, personales, sociales y culturales. Pero recuerda que se trata de estar en el grupo adecuado, rodeado de la gente apropiada, aquella que te valore por ser quien eres, que te permita sentir orgullo de pertenencia. Rodeado de tu tribu.

Entornos inclusivos: diversidad y equidad

Mi profesión me ha permitido viajar por todo el mundo, visitar muchas franquicias, equipos de trabajo, organizaciones y empresas, y ver diferentes perspectivas en la construcción de equipos de trabajo. Definitivamente, la diversidad potencia el rendimiento humano. Hay un creciente apoyo de la comunidad científica, así como pruebas empíricas desde un amplio rango de campos diferentes, que muestra que los entornos de trabajo diversos son más innovadores, creativos y ricos en productividad y eficiencia. La diversidad implica sentirse incluido y valorado, sentir que perteneces, independientemente del género, la raza, el color de la piel, los antecedentes sociales, las habilidades físicas, la orientación sexual, la religión, la etnia y demás. Pertenecer significa que estás en un entorno donde puedes ser tu auténtico yo, tú mismo, y todo el mundo te acepta tal y como eres; entornos donde se promueve el sentido de pertenencia, donde tratas y eres tratado con equidad, de forma justa, y donde todo el mundo tiene las oportunidades y herramientas para conseguir los mismos resultados, o similares. Parafraseando a Adam Grant en *Originales*,* los entornos con fuertes culturas existen cuando los trabajadores están intensamente comprometidos con compartir los valores y las normas. Si quieres crear una fuerte cultura, es vital que la diversidad sea uno de tus pilares. Por desgracia, la promoción de la inclusión de razas, géneros, orientaciones sexuales o religiones en comunidades tradicionalmente dominadas por hombres caucásicos no es una norma todavía. En mi sector particular, cuesta encontrar mujeres en el alto rendimiento deportivo, sobre todo en determinados puestos

* Adam Grant, *Originales: Cómo los inconformistas mueven el mundo*, 2017.

o roles de liderazgo. Ser mujer requiere en muchas ocasiones una fortaleza extra(ordinaria), ya que algunas nos enfrentamos a lo que se conoce como «techo de cristal», esas barreras invisibles, normas no escritas u obstáculos (de instituciones o personas) que suponen un límite, y no por falta de cualificación (aptitudes y actitudes), sino por limitación en las oportunidades. Para tu desarrollo personal y profesional, formar parte de un entorno inclusivo, que fomente la diversidad y equidad, impulsará tu potencial.

Cree en ti.

SEGUNDA PARTE
Entrénate

6

La puesta en acción

Tienes un propósito. Has identificado tus prioridades en función de tus valores. Conoces los cimientos en los que sustentarte. Te has marcado unos objetivos. Has profundizado en el conocimiento de tu organismo, y has considerado tu entorno y los factores externos. Hemos asentado las bases de tu plan de rendimiento.

¿Y en qué vamos a sustentarlo para que puedas lograr tu propósito o, al menos, ponerte en las mejores condiciones posibles para ello? En tu proceso. A partir de este momento, el proceso se convierte en quien eres y en quien quieres ser, en tu estilo de vida. Es la aplicación de tus reflexiones anteriores, la puesta en acción de tus prioridades, valores y objetivos. Construye un buen proceso, cree en él (*trust ~~the~~ your process*) ¡y llévalo a cabo!

¿Y cómo vas a llevarlo a cabo? Ejecutando. Poniéndolo en práctica. Poniéndote manos a la obra.

He tenido la suerte de trabajar en una de las organizaciones deportivas de mayor prestigio por su cultura deportiva, los San Antonio Spurs. En la entrada de su centro de entrenamiento se encuentra una escultura, una roca y un yugo, con la siguiente frase como lema de la organización: *When nothing seems to help,*

I go and look at a stonecutter hammering away his rock, perphaps a hundred times without as much as a crack showing in it. Yet at the hundred and first blow it will split in two, and I know it was not that last blow that did it—but all that had gone before. La traduzco: «Cuando nada parece ayudar, voy y miro a un picapedrero martillando su roca, tal vez cien veces, sin que se produzca ni una grieta. Sin embargo, al golpe ciento uno se partirá en dos, y sabré que no ha sido ese último golpe, sino todos los que han ido antes».

Conseguir cosas que valgan la pena requiere paciencia y perseverancia, igual que afianzar los hábitos y la excelencia.

LOS HÁBITOS

Los hábitos son, en parte, la ejecución de comportamientos, lo que definirá quién eres de forma práctica. Son los rituales que revelan quién eres, quién quieres ser, qué estilo de vida llevas. Reflejan tus valores. Escoges los hábitos que quieres introducir, mantener o cambiar en función de tus prioridades, para ser o convertirte en quien decides que quieres ser. Si los valores dan coherencia a tu identidad, los hábitos la definen.

Los hábitos se podrían definir como la acumulación de pequeños pasos que acaban llevando a la mejora (buenos hábitos) o al problema (malos hábitos). A pesar de que se estudian desde hace décadas, están de moda, y aunque la descripción del proceso puede variar ligeramente en función del experto que lo explique, la generación o el mantenimiento de hábitos se caracteriza por seguir un ciclo (o bucle) alrededor de una señal (deseo o ancla), una rutina (respuesta o comportamiento) y una recompensa (o celebración). Algunos ejemplos de modelos de fijación de hábitos siguen una secuencia como esta:

- Ejemplo de modelo 1: señal → rutina → recompensa
- Ejemplo de modelo 2: señal → deseo o motivación → respuesta → recompensa
- Ejemplo de modelo 3: ancla → comportamiento → celebración

Una de las características fundamentales de la generación de hábitos (y la consecución de la excelencia) es la repetición. Como ya hemos visto, cuanto más repites una acción, más cambia la arquitectura de tu cerebro para volverse eficiente en la actividad. Cuando estamos aprendiendo habilidades nuevas o hábitos nuevos, se produce una alta actividad cerebral, y a medida que somos más eficientes cambia el ritmo de esta. Repitiendo el comportamiento se acaba automatizando, lo que supone realizar tareas y llevar a cabo hábitos sin tener que pensar prácticamente en su ejecución. El hábito se habrá convertido en parte de tu identidad.

No voy a cubrir en profundidad cómo generar hábitos ni cómo cambiarlos. El objetivo de este apartado es resaltar la importancia de tenerlos, de ser consciente de lo que se quiere modificar, añadir o mejorar, de contar con rutinas y anclas en el proceso para que, cuando la motivación falle o afloje (que, te recuerdo, ¡lo hará!), tengas rutinas correctas en las cuales se apoye tu proceso. En definitiva, para que, cuando la motivación escasee, cuentes con tu disciplina.

Realizar ciertos cambios puede ser un reto; no es fácil modificar hábitos instaurados hace mucho tiempo. Puede que hayas leído o escuchado anécdotas de deportistas que no hacen calentamientos antes de la competición, no realizan estrategias específicas para su recuperación o no llevan una dieta saludable, e igualmente rinden. Pero mi experiencia es que, en algún momento, estos deportistas se lesionan o dejan de estar en la élite. Y es entonces cuando se dan cuenta de la importancia de tener buenos hábitos. Por ello es tan importante incorporar hábitos sólidos, seas deportista o no.

Otra cuestión importante a la hora de adquirir, fijar o mantener hábitos es contar con *feedback*. Los progresos no siempre son lineales ni se dan a la misma velocidad, y esto puede hacer que pierdas la motivación, como decíamos, o que aparezcan dudas sobre el plan. Cuando no hay un *feedback* que nutra la motivación de seguir trabajando o poniendo empeño, se va diluyendo la voluntad de esforzarse para alcanzar los objetivos, y se va perdiendo el compromiso. Cuando aparecen obstáculos surgen las dudas, los miedos, las frustraciones, la confusión o la rabia. Cuando los cambios son rápidos y positivos, es más fácil fortalecer el proceso y los comportamientos, pero en ocasiones se necesita contar con un sistema de refuerzo también a largo plazo. En momentos de estancamiento o avances a menor velocidad, tener rutinas y creer en lo que te aporta el proceso en sí y no en la recompensa externa o inmediata puede ser un elemento fundamental. Programar las progresiones, así como la consecución de pequeños objetivos y la gestión de las expectativas (¡muy importante!), ayudará en estos momentos.

Por otro lado, hay una relación directa entre lo que sientes a raíz de un comportamiento y las probabilidades de que lo repitas. Y es que apoyando el proceso de tus hábitos cuentas con cierta ayuda: tu sistema hormonal. En ese círculo de generación y mantenimiento de hábitos se incluye la recompensa, la sensación positiva (o negativa) que refuerza tu comportamiento y tu motivación para seguir (o dejar) la rutina en la que estás trabajando. La dopamina, recuerda, es la hormona que se segrega en anticipación a una recompensa satisfactoria, es decir, al placer que te proporcionará ese comportamiento. Los hábitos son un circuito de retroalimentación impulsado por la dopamina que se segrega no solo cuando experimentas el placer de la actividad, sino también en anticipación a este. La segregación de dopamina proporciona una sensación de satisfacción y placer, es un premio o gratificación en el presente, una recompensa a la consecución de un comportamiento. Ahora bien, en muchas ocasiones un comportamiento que a la larga será bueno y positivo para nuestro rendimiento (o estilo de vida) no resulta placentero y satisfactorio de inmediato. Por eso, aunque hay expertos que sugieren que el proceso para crear hábitos incluye hacerlos atractivos, fáciles y satisfactorios (empezar por generar hábitos que sean placenteros o fáciles), hemos de tener presente que lo que en realidad marcará la diferencia es tu disciplina, tu compromiso y tu toma de decisiones.

Además de analizar tus hábitos personales, puedes reflexionar sobre tus hábitos profesionales. Para un deportista, los hábitos que definen la excelencia pueden pasar por realizar entrenamientos diarios para la preparación física, llevar una alimentación adecuada a sus necesidades, realizar tratamientos para recuperarse lo más rápida y eficientemente posible, o dormir ciertas horas al día, por ponerte algunos ejemplos. ¿Qué hábitos definen la excelencia en tu profesión? Quizá estos estén relacionados con el aseo y el cuidado personal, el estudio diario y la formación continuada, la recopilación o revisión diaria de notas de reuniones, el mantenimiento de tu instrumento musical, el cuidado de tu equipamiento o de tus utensilios de trabajo, la preparación de la siguiente jornada o la puntualidad. O quizá sea importante no solo lo que haces, sino asimismo lo que dejas de hacer, que muchas veces es igual de significativo. Cuesta separar al profesional de la persona, por lo que muy probablemente tus valores y tus hábitos serán pilares de tu identidad, tanto personal como profesional.

Las decisiones que tomas

Tomamos decisiones a diario, por lo visto miles de ellas. Algunas son insignificantes o no tienen mayores consecuencias. Otras pueden ser trascendentales. De lo que no cabe duda es de que tus decisiones presentes afectan a tu futuro. Las decisiones que tomas en tu día a día, las buenas y las malas, las conscientes y las inconscientes, están muy relacionadas con tus comportamientos y, por ende, con tus hábitos. Recuerda que estos definen y reflejan tu identidad, y, por consiguiente, no solo influyen en lo que quieres alcanzar, sino también en quién eres y en quién quieres ser.

Como dice James Clear: «La semilla de todo hábito es una pequeña y única decisión. Pero a medida que se repite la decisión, surge un hábito y se fortalece».* ¿Voy al gimnasio o acabo la serie? ¿Sigo o paro? ¿Qué pido para comer? ¿Lo acompaño con agua o con alcohol? Decidir supone escoger entre múltiples opciones, y con cada decisión apuestas por un camino y renuncias a otro. Decidir ir hoy al gimnasio puede no ser placentero; decidir no comer pan en esta comida puede no ser fácil; decidir apagar los

* James Clear, *Hábitos atómicos*, 2020.

dispositivos electrónicos una hora antes de irte a dormir esta noche puede ser angustiante. Pero es la suma de estas pequeñas (¡grandes!) decisiones y hazañas lo que a la larga hará que te sientas mejor, más activo y de mejor humor, lleves una dieta más saludable y te sientas menos inflamado, o descanses de forma más eficiente, y todo ello conseguirá que rindas mejor en tu día a día.

Si lo coherente es tomar decisiones que nos pongan en la dirección correcta para alcanzar nuestros objetivos, que sean buenas para nuestra salud, bienestar, éxito o felicidad, ¿por qué en ocasiones cuesta tanto tomar decisiones comprometidas con lo que deseamos alcanzar? Decidir no siempre es fácil. El camino que escoges, y a lo que renuncias, dependerá de cuestiones como la información disponible, el tiempo para tomar la decisión, las experiencias pasadas y expectativas futuras, o los sesgos personales. Estamos influidos por creencias previas, por nuestros hábitos actuales, por nuestra educación, por anclas arbitrarias, prejuicios y normas sociales, por nuestro estado *arousal* cambiante (y el que creemos que será nuestro estado emocional una vez tomada la decisión), por centrarnos en lo que podemos perder en lugar de en lo que podemos ganar, por ir con el piloto automático, por las excusas, la falta de atención o la procrastinación. Nos proponemos objetivos a largo plazo y caemos en tentaciones (decisiones) a corto plazo; sucumbimos a recompensas cortoplacistas y la gratificación inmediata, tomando decisiones sin tener autocontrol. Una vez más, cobrar conciencia, apoyarte en tus valores, tomarte tiempo, tener disciplina o contar con una voz externa (apoyo) que te guíe o te mantenga en el camino, intentando buscar soluciones a los comportamientos que te alejan de tus metas, será crucial.

Algunos autores exponen que tenemos dos maneras de pensar a la hora de tomar decisiones. Por un lado, están las decisiones que responden al sistema reflexivo y racional, decisiones conscientes y meditadas que se toman cuando se dispone de tiempo para analizar la información recopilada. Y, por otro lado, están aquellas que responden al pensamiento intuitivo, inconscientes y automáticas; son elecciones irreflexivas, decisiones invisibles, porque en ocasiones no tenemos tiempo para examinar toda la información disponible, buscar datos, tratarlos, analizarlos y fabricar algoritmos que nos den soporte para la toma de decisión. A veces, se requiere una respuesta rápida, casi instantánea. Por ello es esencial que hayas reflexionado sobre tus valores pilares, prioridades y objetivos: para dar coherencia a lo que crees importante; para acercarte a tu ideal y no alejarte de este; para elegir para ti y no para los demás; para que, cuando no dispongas de tiempo para la deliberación, tu identidad dé soporte a tus decisiones menos reflexivas e instantáneas, y viceversa.

La toma de decisiones puede entrenarse, y se entrena, adquiriendo conocimientos, viviendo experiencias y realizando tareas que promuevan el ensayo y error/acierto, y el reconocimiento de patrones, así como por medio de sistemas de recogida, tratamiento y análisis de la información para tomar decisiones informadas. En el contexto de la generación y el mantenimiento de hábitos, las decisiones se entrenan mediante la secuencia o *loop* que mostraba arriba, primero con la necesidad de tomar conciencia y asociarlo a una señal (o ancla), luego ejecutando (rutina, comportamiento) y relacionando la respuesta con un *feedback* positivo (o negativo), y repitiendo la secuencia hasta que se convierta en mecánica para automatizar al máximo esa decisión y generar el hábito instintivo sin esfuerzo. Así, mientras la decisión no es automática, nos proveeremos del mejor contexto posible para ayudarnos a tomar conciencia y decidir en función de nuestros objetivos reales, y no de un estado puntual o actual. Proveerte del mejor contexto posible incluye también tu organización personal, el diseño de tu agenda, dejar tiempo para lo que es importante para ti, ponerte obstáculos para que cuando afloje la motivación tengas una rutina en la que apoyarte, y que tu entorno y contexto sea favorable a una toma de decisiones adecuada.

ESFORZARSE POR LA EXCELENCIA

Uno de los investigadores más reconocidos en todo el mundo en el desarrollo de la excelencia ha sido Anders Ericsson, que ha estudiado durante más de tres décadas la rama intelectual, física o artística de expertos, genios o «fuera de serie» mediante la práctica deliberada. Para Ericsson, la manera adecuada de llamarnos a nosotros mismos, los *Homo sapiens*, sería *Homo exercens* u «hombre que practica», ya que somos la especie que toma el control de su vida por medio de la práctica y hace de sí misma lo que desea.

La revolución del potencial humano empieza cuando nos damos cuenta de que los mejores en diversos ámbitos no ocupan ese lugar porque nacieran con un talento innato, sino porque han desarrollado destrezas tras años de práctica, aprovechando la adaptabilidad del cuerpo y la mente humanos. Cualquiera puede desarrollar la habilidad que escoja, aplicándose y sacando partido de esa increíble adaptabilidad del cerebro y del cuerpo humano, poniéndose a trabajar. En sus estudios, Ericsson afirma que el talento —la *expertise* o la excelencia— se demuestra en la acción.

El talento intrínseco, es decir, los factores genéticos (por ejemplo, la talla o el volumen corporal), la epigenética, el entorno o las condiciones ambientales tienen efecto sobre el individuo, como hemos visto, pero mediante un entrenamiento adecuado y entornos favorecedores para la consecución del objetivo se puede ayudar a cualquier persona a alcanzar su potencial individual.

Ahora bien, en sus estudios Ericsson expresa que, en términos generales, una vez que una persona alcanza cierto nivel de ejecución de una nueva tarea y un automatismo aceptable, los años de práctica extra no conducen a mejora. Y es en este punto donde la práctica deliberada o intencional adquiere su relevancia. Porque hay momentos para el volumen, y momentos para la calidad.

La práctica deliberada

A pesar de compartir características con el proceso de generación o mantenimiento de hábitos, la práctica deliberada es intencionada y se dirige a la búsqueda de la excelencia. Veamos los puntos fundamentales de forma esquemática:

- La práctica intencional requiere objetivos concretos y bien definidos, no necesariamente a largo plazo, sino más bien específicos y alcanzables con entrenamiento. Hay que desglosar el propósito general y establecer un plan práctico, juntando un puñado de pasos cada día para alcanzar un objetivo más a largo plazo.
- Tiene como característica fundamental que ha de ser focalizada; requiere centrar la atención. Este es uno de los aspectos distintivos para obtener la excelencia: hay que ser consciente de lo que se está haciendo y poner el foco de atención en ello, así como tener la intención de mejorar.

- Requiere entrenarse y recibir información de retorno, ya sea *feedback* inmediato (enfocado en lo que acaba de acontecer —el pasado—) o consejo constructivo (enfocado en lo que podemos modificar la próxima vez —el futuro—), ya provenga de uno mismo o de algún observador externo, para saber qué estamos haciendo bien y perseverar, o realizar los cambios necesarios.
- Exige el compromiso continuo de salir de la propia zona de confort, que implica intentar algo que antes no éramos capaces de hacer. El elemento clave aquí no se basa en esforzarse más, sino en esforzarse de manera distinta.

Por otra parte, recientemente se está proponiendo una evolución de la práctica deliberada: el juego deliberado, donde, aparte de sugerir una estructuración del desarrollo de las tareas siguiendo las características anteriores, se ha de garantizar que estas se realicen de forma agradable, placentera y divertida. Esto, aunque ideal, quizá no sea siempre posible; pero disfrutar practicando reforzará tus ganas de llevar a cabo la tarea, y del proceso hacia la excelencia.

LOS PILARES FUNDAMENTALES, LLEVADOS A LA PRÁCTICA

Ya sea a la hora de poner en práctica tus hábitos o de trabajar para la excelencia, existen cuatro aspectos básicos que deberían ser innegociables al poner en acción tu plan de rendimiento: el movimiento, la nutrición, el cuidado de la mente y la recuperación.

De hecho, son tan importantes que en los próximos capítulos me centraré en cada uno de ellos. El último es tan relevante para mí que incluso le dedico una parte sustancial del libro.

¿Se puede rendir sin cuidar del cuerpo, sin una alimentación saludable y sin potenciar las capacidades mentales? Sí. En mi experiencia, un deportista (alguien cualquiera) puede llegar al más alto nivel por su talento, desatendiendo su cuerpo y su mente. Ahora bien, ¿llegará a desarrollar su máximo potencial? Desde mi punto de vista, no. No puedes alcanzar tu máximo potencial si no otorgas importancia a tu cuerpo, tu nutrición, tu mente y tu recuperación. El éxito de los mejores del mundo consiste, sobre todo, en atender de forma consistente los cuatro fundamentos básicos.

Te daré una buena noticia. Si pones en práctica estos pilares básicos, tu vida será mejor, ya que estarás en una óptima posición para rendir al máximo, sean cuales sean tus objetivos y metas. Sin embargo, y siento ser yo quien te lo diga, es altamente probable que te cueste comprometerte con ellos, que requiera esfuerzo (voluntad, perseverancia, disciplina) y lleve tiempo. Si son parte de tus prioridades y tu estilo de vida, no necesitarás sacar tiempo para hacer ejercicio o para dormir lo suficiente; formará parte de tu día a día, de tu agenda, sin excusas, aunque a veces (muchas) requiera ese esfuerzo, perseverancia y disciplina. Además, lo que tiene impacto real es lo que repites la mayoría de las veces, no las excepciones. Puede que existan atajos que funcionen a corto plazo, pero si no consigues que tu estilo de vida incluya de verdad la atención y el compromiso con estos pilares, los atajos dejarán de funcionar. Dietas milagro, rutinas de quince minutos ¡sin esforzarte!, implantes de abdominales, pastillas para dormir u obviar el potencial de tu mente son atajos que la inmensa mayoría de las veces no funcionan, generan frustración y desmotivan para seguir.

En definitiva, generar hábitos (o eliminar los nocivos) puede ser costoso, y mantenerlos, en muchos momentos, incluso más. Sin embargo, los hábitos son muy importantes para poder generar anclas que te ayuden a conseguir tus objetivos. Adicionalmente, si el foco es alcanzar la excelencia, la práctica no solo tiene que repetirse y ser sistemática, sino también llevarse a cabo con atención, con el objetivo específico de mejorar el rendimiento e, idealmente, disfrutando de ella. Recuerda, un día no es posible, y al día siguiente lo es: aquello que persigues se convierte en realidad. Tu esfuerzo se ve recompensado. Además, no pierdas de vista que las cosas que merecen la pena llevan tiempo. Hacer las cosas bien lleva tiempo. Y la excelencia lleva mucho tiempo. Partiendo de esta base, veamos con cierta profundidad cada uno de estos pilares básicos.

7

Primera regla cardinal: MUÉVETE

Los efectos positivos del ejercicio en nuestro organismo son innumerables. Existen incontables estudios, y demasiados datos, sobre el ejercicio físico y sus beneficios. El ejercicio físico (que utilizaré en adelante para referirme al propio ejercicio físico, la actividad física, el deporte o, en definitiva, el movimiento) debería ser un innegociable. Y es que, independientemente de las consecuencias sobre tu composición corporal, peso o estética, ejercitarte te brindará una vida mejor porque la hará más saludable, ya que los beneficios asociados al ejercicio físico abarcan cualquiera de las áreas relacionadas con la salud, sea física, mental o emocional.

En el alto rendimiento deportivo nos centramos en las necesidades individuales del deportista y en los requerimientos relacionados con su disciplina deportiva. Sin embargo, para poder diseñar tu programa de ejercicio físico enfocado en la salud o prevenir posibles patologías deberás dirigirte a los especialistas adecuados. A pesar de que hay consensos y pautas generales muy útiles y efectivas, lo ideal es programar un plan individualizado según tus objetivos y tus necesidades. Aun así, te presento algunas recomendaciones generales que pueden resultar extremadamente útiles.

MUÉVETE

Idealmente, deberías ejercitarte para potenciar diferentes cualidades físicas. Estamos diseñados para ello, para caminar, correr, mover el cuerpo y objetos externos (empujarlos, traccionarlos, lanzarlos, transportarlos o sostenerlos, por ponerte algunos ejemplos), desarrollar habilidades motoras y expresarnos a través del movimiento. No obstante, hoy en día llevamos estilos de vida sedentarios y estamos rodeados de comodidades que hacen que cada vez nos movamos menos en nuestras tareas cotidianas. Si ese es tu caso, lo más importante es que te muevas, que escojas el ejercicio físico que seas capaz de incorporar a tu rutina diaria. Si solo puedes salir a caminar, camina. Si te encanta nadar, nada. Si lo tuyo es el entrenamiento de fuerza, en la variante que sea, hazlo. Si te engancha solo el yoga, solo el CrossFit, solo el pádel, practícalo. ¡Muévete! Ahora bien, permíteme presentarte algunos puntos importantes.

LO QUE REALMENTE NECESITAS

De la misma manera que has reflexionado sobre tu plan de rendimiento vital, será interesante seguir algunos de esos mismos pasos a la hora de confeccionar tu programa de ejercicio físico. En primer lugar, necesitas saber en qué punto te encuentras. Como ya hemos visto, debes conocer tu punto de partida. Puedes juzgar este punto de partida de forma subjetiva: ¿cómo te sientes físicamente?, ¿cómo afecta esta percepción de tu estado físico a tu mente y a tus emociones? Aunque también puedes valorarlo de forma más objetiva, haciéndote desde un análisis de sangre completo hasta las pruebas físicas más sofisticadas que se puedan encontrar, pasando por valoraciones funcionales (condicionales, musculares y similares). De esta forma podrás ser más eficaz a la hora de escoger las actividades para que te ayuden a cubrir tus necesidades y objetivos. Puede que quieras mejorar tu composición corporal, tu fuerza, tu resistencia, tu movilidad o tus destrezas técnicas en algún deporte, corregir algunas deficiencias específicas o divertirte haciendo ejercicio. Tus objetivos pueden ir desde querer mejorar tu estado general de salud hasta alcanzar la excelencia deportiva. Saber de dónde partes y qué quieres conseguir te ayudará a fidelizar tu proceso.

TU PLAN PERSONALIZADO

¿Por qué no voy a darte pautas de entrenamiento? Porque lo que funciona para unos puede no hacerlo para otros. No todo el mundo necesita los mismos estímulos ni las mismas dosis. Además, lo que tú necesitas ahora quizá no sea lo mismo que dentro de seis meses. Dar las «típicas» pautas generales no funciona, o funciona solo durante un tiempo. No sirve que te quedes solo con el mensaje «haz ejercicio tres veces por semana durante al menos treinta minutos». Esto no es suficiente. Necesitas un plan que te encaje y variedad de estímulos, porque tu cuerpo y tu mente se irán adaptando a los actuales. Puedes potenciar la variedad de tu plan de entrenamiento físico desde diferentes perspectivas. Te pongo algunos ejemplos para que veas la gran variedad y riqueza que puedes (y deberías) dar a tu ejercicio físico. Cuando hablamos, sobre todo, de trabajo estructurado, tipo sesiones de fuerza o en el gimnasio, puedes variar aspectos propios de la configuración de la sesión, como organizar el trabajo en circuitos o por estaciones, o modificar las series, las repeticiones, el descanso, la carga y la velocidad. Puedes alternar la parte del cuerpo en la que te focalizas (centrarte en todo el cuerpo, en la parte superior o en la parte inferior); practicar la lateralidad (utilizar ejercicios bilaterales, unilaterales o combinaciones); probar diferentes planos y ejes (vertical, horizontal, diagonal, multiplano); o aumentar la dificultad y la complejidad de las tareas y los ejercicios. Puntualizo: no se trata de hacer ejercicios circenses ni sesiones complejas; los básicos bien hechos funcionan muy bien. Y lo mismo se puede aplicar a las otras cualidades físicas, o incluso puedes combinarlas. La idea es que seas capaz de diseñar (o con ayuda de especialistas) un programa que te permita alcanzar tus objetivos.

VARIEDAD

En función de cómo combines variables del entrenamiento (como el volumen, la intensidad o el tiempo) estarás estimulando tu fuerza aplicada, tu resistencia (relacionada con la capacidad condicional, el metabolismo aeróbico y el sistema cardiovascular) o tu velocidad (más vinculada con la capacidad neural). Es decir, la manipulación de ciertas variables será lo que implique poner más énfasis en la capacidad de resistencia, la capacidad cardiovascular o la velocidad de ejecución.

Otras capacidades motrices que puedes incluir en tus rutinas para complementar tu entrenamiento son la amplitud de movimiento (flexibilidad o elasticidad), las coordinativas (coordinación, equilibrio, orientación o percepción, entre otras) o las sociomotrices (aquellas que te permiten expresarte y relacionarte a través del movimiento).

Es decir, si puedes, entrena tu fuerza, tu resistencia, tu capacidad condicional, tu amplitud de movimiento y tu coordinación. Realiza el ejercicio físico que te motive, pero revisa si puedes complementarlo. Si haces sobre todo trabajo de fuerza, quizá puedas incorporar, en algunos días o sesiones, algo de ejercicio cardiovascular que implique incrementar tu frecuencia cardiaca (como caminar, trotar, correr, salir en bicicleta, bailar), y de movilidad articular (en sesiones de estiramientos, ejercicios de movilidad, practicando yoga o pilates, etc.).

ENTRENAMIENTO GENERAL Y ESPECÍFICO

Un deportista tiene que rendir en su disciplina. Si busca producir jugando al baloncesto, ha de jugar al baloncesto. Si pretende hacerlo en partidos de fútbol, ha de jugar al fútbol. La especificidad, sobre todo en el contexto competitivo, es lo que pone de verdad en forma al deportista. Como hemos visto, alcanzar la excelencia en una tarea requiere práctica, mucha práctica, intencionada y específica. Pero también es cierto que hay que considerar algunos aspectos más.

Uno de los inconvenientes de la especificidad es que, al practicar tanto esa tarea (o esas tareas) de forma repetitiva, en la mayoría de las ocasiones se generan descompensaciones. Por un lado se fortalecen áreas del cuerpo, pero, por el otro, puede que otras se debiliten o incluso inhiban. A la vez que potencias una parte de tu cuerpo, este se desgasta, incluso hasta el punto de romperse, y es cuando se producen las lesiones. Si realizas ejercicio físico por salud, no debería conllevar riesgo de lesión. Para poder optimizar tu sistema en un contexto de especificidad, además de practicar la tarea en sí, has de preparar tu cuerpo para soportar esas cargas (estímulos repetidos). Para ello, es importante que hagas progresiones tanto en los movimientos, acciones y tareas, como en las cargas de trabajo, y que vayan desde más generales (o menos intensas) a gradualmente más específicas (y más intensas). Prepara tu cuerpo de manera progresiva para el ejercicio que vayas a realizar, y combina ejercicios generales con otros específicos para asegurarte una mayor riqueza en tu entrenamiento.

ANTE TODO, ENTRENA TU FUERZA

La cualidad motriz fundamental a partir de la cual se desarrollan otras es la fuerza. *Period.* La fuerza aplicada es la que nos interesa, si no nos centramos exclusivamente en la estética. Es importante entender que entrenar la fuerza no significa entrenar solo la fuerza máxima (con mucha carga, tan pesada que la mueves lentamente). Puedes entrenar tu fuerza con cargas pesadas, sí, pero también con cargas medias ¡y muy ligeras!, incluso solo con tu propio cuerpo, y a velocidades muy diferentes. Lo importante es que valores el entrenamiento de fuerza y lo incluyas en tus rutinas, ya que es primordial. Todos nos beneficiamos si entrenamos para estar más fuertes. Al entrenar la fuerza sometes tu cuerpo a estímulos estresantes, en especial los sistemas musculoesquelético y neuromuscular, aunque no exclusivamente (también los sistemas endocrino, nervioso o inmunitario). Cuando entrenas tu cuerpo y este consigue superarse y adaptarse a estos estímulos, se producen beneficios increíbles en el organismo (cuerpo, mente y emociones). Por otro lado, si no te ejercitas, con el tiempo disminuye el metabolismo basal y pierdes masa muscular, con lo que estos estímulos ayudan especialmente al mantenimiento e incremento de la masa muscular y del metabolismo. El entrenamiento de la fuerza, bien orientado, debería ser la base de tu entrenamiento. ¡Prioriza el entrenamiento de fuerza!

8

Segunda regla cardinal: NÚTRETE

La nutrición es un mundo apasionante y complejo a la vez. La ciencia está avanzando tanto y tan deprisa en ciertos campos que en muchas ocasiones se genera gran confusión alrededor de temas relacionados con la nutrición, las dietas, los suplementos, las ayudas ergogénicas o la microbiota. Este es uno de los campos donde *a priori* la ciencia parece tener algunas respuestas universales para toda la población. Aun así, claramente resulta fundamental la individualización.

Este no es un libro sobre nutrición, por lo que tampoco cubriré este campo en toda su profundidad. Para aclarar expectativas, no abordaré aspectos como el funcionamiento del aparato digestivo y del metabolismo, cómo se transforma la energía, cómo hacer un plan nutricional, las características de los macronutrientes y micronutrientes en detalle, qué propiedades tienen los alimentos ni cuáles son los suplementos disponibles en el mercado para rendir. Todo ello es muy importante para tener una visión completa de nuestra nutrición; sin embargo, aquí lo relevante para mí es brindarte las bases y herramientas para que tomes conciencia de la importancia de tu nutrición, porque ¡tiene mucha!

Las necesidades nutricionales en el rendimiento deportivo se centran sobre todo en las de la composición corporal, las estrategias de entrenamiento y las características de la prueba competitiva. Por ello, las dietas de los atletas son únicas e individuales (o deberían serlo), y tienen que adecuarse a las necesidades de cada individuo, las fluctuaciones de los entrenamientos, cada evento competitivo o las lesiones. No es extraño que los planes nutricionales se ajusten constantemente, se personalicen y se planifiquen en función de los requerimientos previos, simultáneos y posteriores al entrenamiento y la competición.

No obstante, la nutrición deportiva cada vez tiene más en cuenta al deportista-persona, por lo que atiende también a su bienestar general, no solo desde el prisma competitivo. Esto puede extrapolarse al resto de nosotros, ya que, a pesar de que se pueden seguir unas recomendaciones generales de cómo llevar una alimentación adecuada, lo ideal sería personalizar la dieta en función de las características personales (tales como la estructura corporal, el tipo de metabolismo predominante o el estado hormonal), las necesidades diarias (por ejemplo, el grado de actividad física que se realiza) y los objetivos (sentirse bien y con energía a lo largo del día, incrementar o mantener la masa muscular, reducir el porcentaje graso, desinflamarse…).

Necesitamos nutrirnos para sobrevivir. Nuestra dieta debe proporcionarnos combustible, la energía necesaria para funcionar, y nutrientes, para que nuestro organismo funcione de forma óptima. Pero la comida es mucho más que combustible. La comida incluye nutrientes (macronutrientes, micronutrientes, fitoquímicos —nutrientes que proceden de las plantas—, zooquímicos —nutrientes que provienen de los animales—), fibra, agua y (quizá) moléculas que aún no hemos descubierto. Pero es también información. Cuando comemos estamos dando mensajes a nuestro organismo del tipo: «Libera esta hormona, no liberes esta otra, expresa esta proteína, no expreses la otra, activa estas células inmunitarias, conecta este gen, desconecta este otro». Igualmente, lo que comemos afecta a nuestro estado de ánimo. Además, comer es un acto humano fundamental; forma parte de nuestra cultura e historia. Habla de cómo nos relacionamos con nosotros mismos y con los demás, social y culturalmente. Pensar en la comida solo como suministro de combustible, cuando puede ser nutritiva y un disfrute, es tener una visión reduccionista.

NÚTRETE

Desde el punto de vista energético, la nutrición se centra en el potencial químico de los macronutrientes de los alimentos, y la unidad de energía son las kilocalorías (kcal). Mediante la metabolización de los nutrientes que ingerimos somos capaces de crear energía, es decir, por medio de diferentes procesos metabólicos extraemos energía de los alimentos. Sin embargo, durante la digestión no los procesamos de la misma forma, por lo que, desde el punto de vista energético, lo que comemos no es necesariamente lo que absorbemos o usamos. Es decir, no se trata de una ecuación exacta donde 1 + 1 + 1 = 3 kcal en nuestro organismo.

El gasto energético

La energía que utilizamos depende de diferentes procesos, como la tasa metabólica en reposo, el gasto energético (toda la energía que consumimos en un día), el efecto térmico de los alimentos (el coste necesario para extraer energía de los alimentos), la actividad física (con propósito e intención) y el movimiento espontáneo (el que no consideramos ejercicio físico con intención), conocido como NEAT (*non-exercise activity thermogenesis*). Esto es lo que determinará nuestros requerimientos energéticos diarios.

Desde el punto de vista nutricional, los alimentos se clasifican en macronutrientes, micronutrientes y agua. Hay tres tipos de macronutrientes: las proteínas, los carbohidratos y las grasas. Cada uno de estos aporta más o menos energía en su metabolización y participa en procesos muy importantes; por ejemplo, la producción hormonal, la salud del sistema inmunitario, la función y estructura de las células, la composición corporal o las funciones metabólicas, entre muchos más. Los nutrientes rara vez o nunca actúan solos. A pesar de que tradicionalmente se describen por separado (sobre todo a la hora de detallar los diferentes procesos fisiológicos que se producen para metabolizarlos), es importante no tener una visión reduccionista y exclusiva al integrarlos en la alimentación.

Las proteínas (reducidas a aminoácidos) tienen un papel fundamental en la función estructural de los tejidos; construyen y reparan tejidos, generan y regeneran masa muscular, proporcionan energía, forman hormonas y enzimas, y contribuyen al funcionamiento del sistema inmunitario. Además, son esenciales en funciones neuronales y cognitivas. Los carbohidratos (reducidos a glucosa) son un combustible primordial, ya que constituyen una fuente energética de rápido acceso; se convierten en energía extremadamente rápida. Las grasas (reducidas a ácidos grasos) representan la mayor fuente de energía almacenada en el organismo (fruto de nuestra evolución); contribuyen al correcto funcionamiento del metabolismo, a la obtención y absorción de vitaminas, a la regulación hormonal (algunas de las hormonas más importantes del cuerpo están formadas de grasa) o al mantenimiento de las membranas celulares; cada una de nuestras células está envuelta en una membrana compuesta en gran parte por grasa.

También necesitamos micronutrientes (vitaminas, minerales y compuestos como los fitonutrientes), y en las cantidades adecuadas. Puesto que tratar la totalidad de los micronutrientes en detalle sería abrumador, podemos destacar algunos aspectos esenciales. Tener una dieta variada, con una amplia gama de alimentos enteros, frescos, de proximidad, de temporada, menos procesados y abundantes en colores facilitará obtener micronutrientes de forma natural. Necesitamos vitaminas para vivir y prosperar. Estas participan en procesos metabólicos, la digestión, la transferencia de energía, el sistema nervioso o la función inmunológica. Igual que las vitaminas, los minerales no proporcionan energía, pero son imprescindibles. Ayudan a la construcción de estructuras, regulan los fluidos en nuestro organismo y son cofactores en las reacciones enzimáticas. Consumir antioxidantes protege frente a la neurodegeneración, ya que estos defienden las moléculas del organismo del daño causado por el estrés oxidativo, el cual reduce la plasticidad del cerebro. El ejercicio de alta intensidad produce el incremento de radicales libres, por lo que consumir antioxidantes previene ese estrés oxidativo.

Finalmente, el agua. Desde el punto de vista evolutivo, venimos del océano. Somos agua en más del 50 por ciento. Algunas de las funciones principales del agua en nuestro organismo son disolver otras sustancias o transportarlas, catalizar reacciones químicas o regular la temperatura. El agua es fuente de adquisición de minerales y es importantísima para el correcto funcionamiento del sistema inmunitario. Así pues, la hidratación adecuada y el equilibrio de fluidos también son fundamentales para el rendimiento. Hidrátate bien.

LA DIETA

Una dieta es el conjunto de alimentos y bebidas que consume una persona de forma habitual o con fines específicos. Más allá de los requerimientos energéticos y nutricionales, un aspecto básico de una dieta saludable es que sea sostenible, que pueda mantenerse en el tiempo. Más que una dieta con fines específicos, la base de una buena alimentación es seguir un patrón nutricional óptimo. Y, a partir de aquí, poder hacer excepciones (por ejemplo, una comida libre o *cheat meal* de vez en cuando) o ajustes nutricionales temporales en función de objetivos concretos.

¿Cuál es la mejor dieta? Para mí la respuesta es que, de forma generalizada, no existe una dieta que sea la mejor. Lo relevante es adecuar la nutrición a nuestro plan y utilizar información rigurosa para tomar decisiones. No hace tanto tiempo se recomendaba entrenar con los depósitos de glucógeno llenos mediante ingesta de carbohidratos como fuente energética principal, o realizar una gran reposición de combustible nada más acabar el entrenamiento o la competición. Sin embargo, parece ser que esto no es siempre lo mejor. Estudios en diversas poblaciones, con diferentes exigencias y requerimientos, combinando varios macronutrientes o incluso limitando muchísimo alguno (dietas bajas en carbohidratos o en grasas) han dado resultados beneficiosos en determinadas áreas de rendimiento (físico, cognitivo y de salud y enfermedades). Es decir, no hay una dieta o estrategia ideal, sino múltiples opciones alternativas para diferentes propósitos. Y el conocimiento sigue evolucionando.

¿Paleo? ¿Keto? ¿Intermitente? ¿Vegana? ¿Mediterránea? ¿Mediterránea modificada? Una dieta restringida en algún macronutriente o una dieta que supone un sacrificio (prolongado) no es sostenible en el tiempo. Puedes escoger un régimen restrictivo (bajo en carbohidratos o en grasas), pero pregúntate si serás capaz de mantenerlo el resto de tu vida. Una dieta cetogénica puede ser beneficiosa para determinados momentos del proceso, pero no a largo plazo (o va en detrimento de ciertos beneficios). A pesar de que una dieta baja en carbohidratos aumenta de manera dramática la capacidad del músculo de utilizar grasas como combustible, incluso en atletas altamente entrenados (algo respaldado tanto por estudios como por testimonios de éxito en el rendimiento), expertos en nutrición deportiva advierten que entraña algunos riesgos potenciales, ya que también produce un deterioro del rendimiento (por ejemplo, en ejercicios cortos de alta intensidad). Los tres macronutrientes son imprescindibles para el correcto funcionamiento del organismo. ¡Los tres! Lo que podrá variar es la fuente del macronutriente, la cantidad y la calidad, el tiempo de restricción o los periodos de variabilidad nutricional, entre otros factores.

DESCUBRIENDO LA MICROBIOTA

De los muchos aspectos que podría haber destacado en una sección sobre nutrición para un plan de rendimiento, he apostado por la microbiota. Hace tiempo que vengo oyendo hablar de ella, así que decidí formarme en esta área de conocimiento. Si realizamos una búsqueda de referencias científicas en revistas indexadas en MEDLINE-PubMed (la principal base de datos bibliográfica en ciencias de la vida con especialización en biomedicina), vemos que las investigaciones en microbiota y microbioma presentan un incremento importante durante la última década, y en especial en los últimos años. El consenso científico avanza despacio en esta área, y llevará algún tiempo comprender las implicaciones del intestino y qué significan, sobre todo para cada individuo. Sin embargo, el conocimiento sigue progresando hacia un mejor entendimiento de la importancia de este ecosistema (o más bien ecosistemas).

La microbiota es un conjunto de microorganismos (virus, bacterias, parásitos, hongos y levaduras) que habitan en nosotros, que están presentes en nuestro cuerpo, y ascienden a billones en el sistema digestivo. La formación del microbioma intestinal comienza desde el nacimiento, mientras que la modificación de su composición depende principalmente de diversos factores genéticos, nutricionales y ambientales. La modificación de la composición y función de la microbiota intestinal puede cambiar la permeabilidad intestinal, la digestión y el metabolismo, así como las respuestas inmunitarias. Es decir, las funciones principales asignadas a la microbiota son metabólicas, defensivas y nerviosas; actúan en los tres sistemas que destacaba antes: el sistema nervioso, el endocrino y el inmunitario.

Como hemos visto, contamos con el sistema inmunitario para la supervivencia y la resiliencia de nuestro organismo, y parece ser que el mayor porcentaje del sistema inmunológico se encuentra en la microbiota intestinal y es controlado por esta. Aunque la microbiota tiene un papel clave en la digestión, también parece tenerlo en nuestro sistema de defensa. Se está estudiando la relación entre la permeabilidad intestinal y el sistema inmunitario (elevación de citoquinas inflamatorias) y, por lo tanto, la inflamación, la microbiota, las afecciones y enfermedades gastrointestinales, metabólicas, cardiovasculares, oculares, urinarias, respiratorias, del sistema endocrino, de la piel, inmunológicas, de salud mental y neuropsiquiátricas, además de alergias, pasando por el cáncer y el envejecimiento.

Además, como veíamos antes, los científicos están empezando a cuestionar que el cerebro sea el único director de orquesta de nuestro cuerpo. Parece que si hay algún órgano que puede competir en diversidad, contando con una red de nervios tan amplia y químicamente compleja como el cerebro, es el intestino. Un área de investigación en auge y en rápido crecimiento está mostrando que la microbiota intestinal se encuentra vinculada con el cerebro (vía el nervio vago, principalmente, aunque cuenta con otros canales) en una relación bidireccional, comúnmente denominada eje microbioma-intestino-cerebro. Hay datos emergentes que sugieren una fuerte influencia tanto de la dieta como de la microbiota intestinal en la conducta emocional y los procesos neurológicos, y, en consecuencia, muestran que este eje desempeña un papel clave en la regulación de la función y el comportamiento del cerebro, la dieta y el estado de ánimo. La disbiosis (el desequilibrio de la microbiota intestinal, opuesto a la eubiosis, su equilibrio) está relacionada con enfermedades como el estrés, la ansiedad o la depresión. Otro campo de conocimiento en auge es la neurogastroenterología, el estudio de la relación entre la microbiota y la psicología. Estaremos atentos a sus avances.

En cuanto al sistema endocrino, algunos datos preliminares muestran resultados interesantes: indican que la microbiota actúa como un órgano endocrino (por ejemplo, secretando serotonina, dopamina u otros neurotransmisores) y puede controlar el eje hipotálamo-hipófisis-suprarrenal, uno de los motivos por los cuales se dice que el intestino es el segundo cerebro y afecta a las emociones, al estado de ánimo y a la toma de decisiones.

Nuestra microbiota responde, entre otras cosas, a lo que comemos (o dejamos de comer), y parece ser que los probióticos y prebióticos tienen un importante impacto en ella. Los probióticos, como suplemento, se popularizaron hace unos años en el contexto del rendimiento deportivo. En aquel momento, de hecho, los empezamos a implementar en la organización de la que formaba parte. Buscamos un producto de una marca popular y de prestigio, y los recomendamos de forma generalizada. Nuestras intenciones eran buenas, pero no sabíamos lo suficiente. Ahora conocemos que los probióticos se dividen en especies y cepas, con características propias, y que, aunque tienen funciones comunes, también presentan funciones y efectos específicos. Puesto que el estudio de la microbiota y los probióticos se encuentra en apogeo, iremos conociendo más sobre cómo utilizar la alimentación y la suplementación para prevenir, tratar, mantener o maximizar nuestro organismo y rendimiento.

A medida que vayamos entendiendo más este ecosistema interno (o estos ecosistemas) y su interacción con nosotros, es posible que se convierta en un foco de atención cada vez más imprescindible para el rendimiento óptimo, la salud y el bienestar, y que incluso llegue a ser un descriptor de nuestras individualidades y un marcador de productividad/efectividad.

LA SUPLEMENTACIÓN EN EL ÁMBITO DEPORTIVO Y NO DEPORTIVO

Los suplementos alimenticios, como su nombre indica, son productos o alimentos para complementar una dieta o patrón nutricional. Dos puntos imprescindibles que debemos tener en cuenta aquí son que, por un lado, ningún suplemento aislado puede sustituir una dieta deficiente; se trata de potenciadores de hábitos nutricionales óptimos. Por otro lado, los productos de suplementación deportiva (¡y general!) representan una parte muy lucrativa de la explosión mundial de fabricación y comercialización de suplementos (su industria genera un ingreso global de miles de millones de dólares), por lo que hay importantes intereses económicos detrás de esta industria. A pesar de esto, los suplementos pueden ayudarnos a maximizar nuestro potencial, así como nuestra salud y longevidad, con un patrón nutricional apropiado y si se prescriben y utilizan adecuadamente.

Suplementos, alimentos y adaptógenos populares en la actualidad

Aceite de Krill, aceites de pescado, aceites esenciales, ácido alfa-linolénico, ácido cítrico, ácido fólico, ácido hialurónico, alanina, *Aloe vera*, aminoácidos, arginina, *ashwagandha*, aspartato, berberina, beta-alanina, betacaroteno, bicarbonato de sodio, biotina, cafeína, canela, cánnabis, carbohidratos accesibles a la microbiota, caseína, chitosán, citrulina, clavo, cobre, coenzima Q10, colágeno, complejo de vitaminas B, creatina, curcumina, diente de león, espirulina, extracto de alcachofa, extracto de cacao, extracto de cereza, extractos de semillas varias (pimienta negra, uva, café, amapola, etc.), extractos varios (espinacas, pimentón), efedrina, fibra, flavonoles y flavonas, fructosa, GABA, gelatina, ginseng, glicina, glucosamina, glutamina, gluten, guaraná, hierro, HMB, isoleucina, jojoba, L-carnitina, L-teanina, L-tirosina, lavanda, leucina, lisina, maca, manganeso, melatonina, menta, moringa, nitratos, orégano, potasio, prebióticos, probióticos, proteína de guisante, proteína de leche, proteína whey, *Rhodiola rosea*, selenio, semillas de chía, semillas de lino, silicio, soja, taurina, té verde, valeriana, vitamina A, vitamina C, vitamina D, vitamina E, vitamina K, zinc, zumo de concentrado de cereza.

En el deporte hay organismos que regulan el uso de alimentos, ayudas ergogénicas y suplementos deportivos, puesto que el empleo de sustancias prohibidas está perseguido y castigado. Sin embargo, para la población general el uso de alimentos adaptógenos, ayudas ergogénicas y suplementos (que no requieran prescripción médica) queda al juicio del usuario. Siempre he abogado por la curiosidad y por querer aprender qué suplementos pueden ser buenos para cada uno, pero con la cantidad de información confusa y las modas cambiantes, la automedicación y autosuplemetación pueden suponer un problema. Te invito a informarte bien sobre la posibilidad de incorporar suplementos a tu plan nutricional, idealmente basándote en valoraciones objetivas, para cubrir necesidades específicas y bajo la supervisión de un experto.

Clasificación de alimentos y suplementos deportivos del AIS (en el momento de escribir estas líneas)

El Instituto Australiano del Deporte (AIS por sus siglas en inglés), un referente en nuestro sector, propone una clasificación de alimentos y suplementos deportivos en cuatro categorías (A, B, C y D), de acuerdo con los datos disponibles y las consideraciones prácticas que determinan si un producto es seguro, está permitido y es eficaz para mejorar el rendimiento deportivo.

Grupo A: Incluye aquellos cuyo uso en situaciones específicas del deporte está avalado por una sólida base científica, mediante protocolos basados en datos.

- Alimentos deportivos: bebidas y geles deportivos, barras energéticas, suplementos de macronutrientes, electrolitos, proteína aislada.
- Suplementos médicos: hierro, calcio, multivitamínicos, probióticos, vitamina D, zinc.
- Suplementos para el rendimiento: cafeína, creatina, glicerol, bicarbonato de sodio, ß-alanina, nitrato dietético o jugo de remolacha.

Grupo B: Aquellos que tienen soporte científico emergente, y por eso son merecedores de seguir investigándose. Están indicados para atletas bajo un protocolo de investigación.

- Alimentos: polifenoles derivados de frutas.
- Antioxidantes: vitamina C.
- Para el sabor: mentol, zumo de pepinillo, quinina.

- Otros: soporte de colágeno, carnitina, suplementos de cetonas, aceites de pescado, curcumina, N-acetilcisteína.

Grupo C: Aquellos cuyo beneficio entre los atletas no cuenta con base científica, o de los que no se han realizado investigaciones para ofrecer una opinión informada sobre su uso.

- Suplementos: magnesio, ácido alfa-lipoico, HMB, BCAA/leucina, fosfato, prebióticos, vitamina E, tirosina.

Grupo D: Sustancias prohibidas o con alto riesgo de contaminación por sustancias que podrían conducir a una prueba de dopaje positiva.

- Estimulantes: efedrina, estricnina, sibutramina, metilhexanamina (DMAA), 1,3-dimetilbutilamina (DMBA), otros estimulantes herbales.
- Prohormonas y refuerzos hormonales: DHEA, androstenediona, 19-norandrostenediona, otras prohormonas, *Tribulus terrestris* y otros potenciadores de testosterona, polvo de raíz de maca.
- Liberadores de GH y péptidos: GHRP-1 y GHRP-2, CJC-1293 y CJC-1295.
- Agonistas beta-2: higenamina.
- Moduladores selectivos del receptor de andrógenos (SARMS): andarina, ostarina, ligandrol.
- Moduladores metabólicos: GW1516 (cardarina).

EL REDUCCIONISMO CIENTÍFICO DE LA ALIMENTACIÓN Y LA CONFUSIÓN DE LA INFORMACIÓN

Cuando empecé a estudiar nutrición (hace ya un par de décadas), los libros de texto eran todos muy similares, con las mismas bases y recomendaciones generalistas. A medida que he ido formándome más en esa área, así como en suplementación, he ido viendo como la ciencia y el conocimiento avanzan hacia su especialización e individualización.

Hay ciertos aspectos que distorsionan la nutrición para tener una vida saludable o para maximizar el rendimiento, como la educación en nutrición (o más bien la falta de ella) o poner el foco de atención en el resultado visual corporal. Pero esa distorsión procede, sobre todo, de la industrialización de la alimentación, el bombardeo diario de información confusa y el reduccionismo de la ciencia.

Precisamente uno de los grandes inconvenientes de la ciencia es ese reduccionismo. Y la nutrición ha sido una de las áreas en las que, para justificar metodologías científicas adecuadas (control de parámetros), se han aislado alimentos, componentes o suplementos para ver su efecto, lo que en numerosas ocasiones ha generado confusión. Para poder avanzar en el conocimiento mediante el método científico (el cual ha permitido y permite a la humanidad progresar de forma excepcional), se plantean preguntas y se formulan hipótesis a las cuales se intenta dar respuesta. Por eso es tan importante realizar las preguntas adecuadas. Así, en lugar de preguntarte: «¿Qué cantidad de este componente necesito?», deberías empezar por preguntarte: «¿Qué alimentos puedo incluir en mi dieta para tener una buena salud, cubrir mis requerimientos nutricionales y energéticos, y tener una relación saludable con la comida?».

Sin embargo, la industria farmacéutica y de suplementación es muy poderosa, y, como he mencionado, mueve billones de dólares anuales. Se realizan investigaciones de suplementos de forma aislada y reduccionista, enfocada en los detalles, y bajo enormes presiones de ciertos intereses (desde empresariales hasta políticos). Por ello, es necesario tener espíritu crítico, buscar buenas fuentes de información y abogar por estudios holísticos y de larga duración. Algunos investigadores y autores están poniendo de manifiesto y denunciando que la alimentación y la comida no son solo la suma de sus partes; que realizar estudios reduccionistas y aislar alimentos lleva a datos contradictorios, y eso, a su vez, origina cambios continuos en las conclusiones y recomendaciones; y que no deberíamos comer «de forma científica».

Además, lo que comemos y su procedencia ha cambiado radicalmente. El descubrimiento de la agricultura, la industrialización de la alimentación y una nutrición científica, apoyada por estudios reduccionistas y sustentada en requerimientos de «dosis diarias recomendadas» expresados en números de forma generalista, son algunos de los mayores problemas actuales en este ámbito. El auge de alimentos altamente procesados, azúcares y grasas añadidas; los alimentos refinados; el uso de químicos y pesticidas; los suelos desmineralizados y erosionados; la reducción de la diversidad biológica de la dieta humana, y la extrema abundancia de comida, con acceso 24/7, han desplazado a una dieta tradicional y un sistema de alimentación para el que estábamos evolutivamente adaptados.

A esto se añade la divulgación confusa de la información, ya sea por los resultados de estudios reduccionistas (como he enfatizado), la falta de rigor o de conocimiento de los divulgadores, gurús e *influencers*, o incluso el nuevo saber aplicado de forma popular, donde se utiliza el «copia y pega», lo que hacen otros o el *one-size-fits all*, sin tener claro el objetivo o el porqué. En el deporte profesional, no es extraño encontrar equipos en los que toda la plantilla tome cada mañana pastillas de omega-3, vitamina D, probióticos (generalistas) y un multivitamínico, cuando habrá casos de jugadores que los necesiten... y otros que no (como aquellos que se expongan al sol y no tengan niveles bajos de vitamina D); pero, sobre todo, casos que pueden necesitar otros suplementos que no se están administrando. De la misma manera, es común encontrar gente que se autosuplementa en función de modas o influencias, lo que nos lleva a otro motivo de discordia: las tendencias con los alimentos. Y es que otro foco de confusión y caos está en los tipos de alimentos, su origen, calidad, beneficio potencial o efecto perjudicial. ¿Carne sí o no? ¿Pescado sí o no? ¿Lácteos sí o no? ¿Gluten sí o no? ¿Huevos sí o no? ¿Cereales sí o no? ¿Legumbres sí o no? ¿Fruta sí o no? ¿Cúrcuma y jengibre, siempre? Antioxidantes ¿cuantos más, mejor? ¿Sí a los adaptógenos? ¿Al final las grasas sí son buenas? Pero ¿cuáles? ¿Es importante la combinación de alimentos?

Es complicado responder de forma generalizada a las preguntas anteriores en una sola sección y, de nuevo, lo que funciona para una persona puede no hacerlo para otra. Lo que quizá se puede afirmar es que un buen plan nutricional se ajusta a los objetivos y necesidades de la persona, es consciente, se centra en la calidad de los alimentos, ayuda a eliminar deficiencias y a controlar el apetito, y promueve el ejercicio regular. Una buena nutrición te ayuda a sentirte bien, verte bien, rendir y vivir mejor. Es necesario entender la nutrición y la suplementación de forma individualizada, y de modo global para la salud individual.

La nutrigenómica

La nutrigenómica estudia la relación entre los genes y la respuesta individual a la dieta. El análisis genético es un campo de estudio emergente y parece ser que, en el área de la nutrición, incluso las pequeñas variaciones genéticas pueden afectar a la absorción, el procesamiento y el uso de nutrientes. No obstante, el estudio del genoma humano es muy complejo. A pesar de que se realizan avances en él, la clave puede estar en cómo utilizar de forma adecuada la información obtenida. *A priori*, realizar un test genérico de ADN no parece una herramienta primordial para diseñar un plan nutricional adecuado e individualizado, pero es cierto que cada vez es más habitual contar con este tipo de pruebas a la hora de hacer recomendaciones nutricionales sobre dieta, suplementos, hábitos, factores epigenéticos, estilo de vida o contra el envejecimiento. Desde luego, se trata de un campo emergente entre los atletas de élite, y bajo mi punto de vista, uno de los que mayor margen de evolución posee a la hora de dar servicio a la población general. Será clave conocer el rigor de los procesos y la actualización de la información a medida que avance el conocimiento, y, en especial, la interpretación de los resultados para su aplicabilidad.

RECOMENDACIONES NUTRICIONALES GENERALES

A pesar de mi insistencia en la importancia de la individualización, te presento unas recomendaciones generales que, más que para una dieta, pueden servirte para tomar conciencia de tu nutrición actual:

- Revisa tus hábitos de forma honesta. Reconoce si tienes horarios regulares, en qué situaciones comes (cuando tienes hambre; antes, durante o después del ejercicio; cuando te aburres; por razones sociales; por estrés; por falta de sueño), tus preferencias de cocción, tu despensa y tu nevera.
- Analiza tus preferencias de alimentos (carne, pescado, verduras, frutas, legumbres, fibras, alimentos procesados, comidas preparadas, adaptógenos), la frecuencia y las raciones (cantidad, equilibrio de macronutrientes, calidad, origen), qué alimentos evitas, cuáles no te gustan, si podrías tener alguna alergia o intolerancia. Esta es una de las primeras actuaciones que realiza un dietista o nutricionista: un cuestionario sobre tu patrón nutricional y tus hábitos que te ayude a tomar conciencia de estos.
- Revisa tu estilo de vida, tu nivel de ejercicio o actividad física (tipo de demandas energéticas, metabólicas, musculares), tu patrón de sueño y de descanso, y cómo tu nutrición puede influir en estos.
- En la medida de lo posible, intenta combinar la información subjetiva anterior con información objetiva. Recomendaría trabajar a partir de un análisis de sangre (análisis de biomarcadores), un estudio de composición corporal, fotografías, el seguimiento de tus curvas de glucosa, un estudio de la microbiota o incluso un test genético de rendimiento nutricional (y farmacológico), si fuera necesario.
- Considera tu objetivo: mantener el peso corporal (aunque ten presente que el peso no es un buen indicador de salud, composición corporal o rendimiento), incrementar la masa

muscular, disminuir tu porcentaje graso, asentar un patrón nutricional equilibrado y saludable, corregir tu relación con la comida, mejorar tu salud, optimizar tu rendimiento... Asegúrate de que tus expectativas son realistas.

Algunas recomendaciones prácticas que puedes aplicar en tu día a día incluirían aspectos como:

- Comer buenos alimentos; de proximidad y de temporada, en la medida de lo posible. La base de la alimentación deben ser los vegetales. Asegúrate de que aportas las proteínas necesarias. Escoge proteínas de alta calidad y grasas buenas. Los hidratos de carbono y las grasas son importantes, pero elige aquellos cuya fuente sea saludable.
- El método de cocción importa; son necesarios tanto los crudos como los cocinados. Utiliza especias.
- Entrenar la flexibilidad metabólica (la capacidad de adaptación del organismo y el metabolismo a situaciones de escasez de energía, utilizando los macronutrientes adecuados a la actividad y el gasto energético).
- No comer en exceso.
- Dejar descansar el sistema digestivo de vez en cuando (practicar la alimentación restringida en el tiempo o *time restricted feeding*, o hacer ayunos intermitentes). No he cubierto el ayuno y sus variantes, pero dejar descansar el sistema digestivo conlleva múltiples beneficios para el organismo. Sin embargo, el tipo de estrategia (el tiempo en el que se consumen los alimentos) debería estar sincronizado con los

ritmos circadianos, ya que su desalineación puede conducir a la disfunción metabólica. El ayuno intermitente tiene efectos positivos, pero también negativos si está mal implementado. En este sentido, deberías evaluar si te funciona, o cuál de sus variantes podría ayudarte.

- Utilizar suplementos o ayudas ergogénicas para maximizar tu potencial, cuando sean necesarios.
- La fuerza de voluntad, la mentalidad, la actitud y el estilo de vida son fundamentales. Sea cual sea tu plan nutricional o dieta, su base debería ser sostenible en el tiempo. A partir de aquí se puede contar con diferentes estrategias o dietas para enfocar objetivos específicos.

Si necesitas organización o que te guíen en algún momento, ponte en manos de un profesional capacitado, actualizado y honesto. Recuerda que no estás solo.

9

Tercera regla cardinal: DOMINA TU MENTE

Dos de las áreas que más me gustan del deporte, y en realidad de la vida, son el desarrollo mental y la gestión emocional, pues los considero aspectos fundamentales para el rendimiento y el potencial humanos. Cuando trabajo con un deportista que necesita herramientas para maximizar su potencial mental, siempre le recomiendo acudir a expertos y especialistas; aquellos que trabajan en equipo conmigo lo saben bien. Sin embargo, me encanta leer, estudiar, formarme y poner en práctica herramientas para la gestión de los pensamientos y las emociones (o al menos intentarlo de la mejor manera posible).

LA SALUD MENTAL

Los deportistas de élite, jugadores y leyendas del deporte cada vez son más conscientes de la importancia de la salud y el bienestar mental para rendir. Además, por la exposición que tienen, saben que son un ejemplo para muchos. «Todos pasamos por algo»: con esta frase, Kevin Love, jugador profesional de baloncesto en la

NBA, se convirtió en uno de los pioneros en hablar abiertamente de un ataque de pánico y ansiedad que sufrió durante un partido.

Hace tan solo unos pocos años que los deportistas profesionales y de élite comparten sus dificultades y debilidades, admiten ser vulnerables y se exponen, dispuestos a compartir su historia para desestigmatizar la salud mental como símbolo de fragilidad y poder ayudar así a más gente. Y es que todo el mundo experimenta en algún momento estrés y ansiedad (siendo esta última la reacción ante el estrés, es decir, los síntomas que se manifiestan ante él). La salud y el bienestar mental y emocional son algo primordial y, desde luego, hay que seguir avanzando en ellos, no solo cuando ya se ha detectado un aspecto que es preciso trabajar, sino sobre todo como prevención y para desarrollar y entrenar el potencial mental.

POTENCIA TU MENTALIDAD DE RENDIMIENTO

Cuando fui directora de rendimiento de uno de los equipos de la NBA en los que trabajé, me encargué de rediseñar el departamento de rendimiento mental. Fue un proceso muy bonito porque tenía una idea de cómo hacerlo, pero quería conocer cómo funcionaban en este ámbito algunas de las mejores organizaciones del mundo, y para ello me reuní con los directores de este departamento de instituciones como los All Blacks (Nueva Zelanda), el Manchester City (Reino Unido), el Bayern de Múnich (Alemania), los Cleveland Indians (Estados Unidos), el River Plate (Argentina) y el Fútbol Club Barcelona (España), además de alguna otra franquicia NBA. Descubrí que tenía una visión diferente sobre cómo construir el departamento de rendimiento mental, pero lo verdaderamente importante era que los responsables entendíamos cada vez más la necesidad de cubrir esta área de manera adecuada.

El desarrollo mental (entrenar cualidades mentales) es tan valioso como entrenar los músculos o los movimientos. Muchos deportistas con los que he trabajado han sido excepcionales por su fortaleza mental, tanto por la capacidad para gestionar la adversidad como por la habilidad a la hora de gestionar sus fortalezas y éxitos.

Mentalidad y actitud para la fortaleza mental

Tu mentalidad es la actitud que determina cómo interpretarás las situaciones a las que te enfrentes, y cómo responderás y te comportarás ante ellas. La mentalidad de aprendizaje y crecimiento, y la fortaleza mental, forman parte de las cualidades para poder rendir.

¿Cuáles son los atributos de la fortaleza mental? En un estudio publicado en 2007 en el que participaron deportistas olímpicos, campeones del mundo, entrenadores reputados y psicólogos deportivos se presentaba la fortaleza mental como «la ventaja psicológica, natural o desarrollada que, en general, permite hacer frente a las demandas que el deporte impone a un deportista y, específicamente, ser más consciente, determinado y consistente, permanecer concentrado, confiado y rendir bajo presión».* En este estudio se identificaban ciertos atributos que caracterizan la

* Graham Jones, Sheldon Hanton y Declan Connaughton, «A Framework of Mental Toughness in the World's Best Performers», 2007.

fortaleza mental y se agrupaban en cuatro grandes categorías: por un lado, la mentalidad y actitud, y por otro, la preparación, la competición y la poscompetición. A pesar de que este estudio se realizó hace ya un tiempo, me parece que representa con gran vigencia los pilares de la fortaleza mental. Veamos algunas de las recomendaciones para fomentarla:

1. **Cree en ti.** Esto es imprescindible para seguir adelante con tu meta, independientemente de los obstáculos o circunstancias. Hemos visto cómo creer en el proceso potencia los beneficios. Creer influye a la hora de alcanzar tu verdadero potencial, a pesar de las barreras que las personas y organizaciones puedan poner en tu camino. Creer en ti es saber que puedes lograrlo; no imaginarlo, desearlo ni fingirlo: saberlo. Saberlo porque has dado los pasos necesarios, has asentado las bases correctas, has superado obstáculos en el trayecto y has alcanzado logros que te habías propuesto. Creerse capaz de hacerlo supone no darse por vencido, perseverar siempre. Es tener la confianza en tus habilidades para poder alcanzar lo que te has planteado. Puede que lo que quieras conseguir aún no haya pasado, que nadie lo haya logrado antes, pero eso no quiere decir que no sea posible. Recuerda que tendrás más probabilidades de alcanzar lo que te propongas si pones el empeño, el esfuerzo, la paciencia, la disciplina y la creencia en ti. Tu autoestima hace que creas más en tus capacidades y, por lo tanto, en ti. Esa autoestima reforzará tu autonomía, autoconfianza, autoconcepto y autoeficiencia, que te permitirán tomar el control, valorar tus opciones y tomar tus propias decisiones. Sabrás apreciar tu valía y que eres suficiente. Cree en

ti, en tu proceso, en las personas que van a acompañarte. Si bien es cierto que solo creer no es suficiente, esa creencia te ayudará en muchos momentos del camino. También necesitarás desafiar tus límites, intentarlo muchas veces, fallar, levantarte y seguir trabajando para ello. Pero creer será imprescindible, sin duda.

Ejemplos de récords mundiales de atletas que creyeron en hacer posible «lo imposible»

Roger Bannister fue el primer atleta (conocido) en correr una milla por debajo de cuatro minutos, haciendo «lo imposible» posible. Kelvin Kiptum ha hecho historia recientemente batiendo el récord del mundo en maratón con 2:00:35, lo que se pensaba fisiológicamente imposible. Una película reciente recupera la historia de Diana Nyad, que nadó de Cuba a Florida a sus sesenta y cuatro años de edad y se convirtió en la primera persona en conseguirlo. Como dijo nada más salir del agua: «Persigue tus sueños; cree en ti; no los escuches a ellos, ve a por ello». Y, como estos, habrá cientos de ejemplos de valientes que creían que su objetivo era posible y fueron a por él.

2. **Toma conciencia.** Ya desde el inicio destaqué la importancia de tomar conciencia. Cuando se produce un contratiempo, una situación que no podemos controlar o que no nos gusta, se puede desencadenar lo que se conoce como el círculo automático de comportamiento. En ese momento experimentamos ciertos pensamientos (el lenguaje de la mente) y emociones (el lenguaje del cuerpo) que nos llevan a realizar ciertas acciones, a actuar de un modo determinado. Cuando

los pensamientos, las emociones o las acciones son inapropiados, debemos romper este círculo en algún punto, ya sea tomando conciencia de los pensamientos al producirse el suceso y reconduciéndolos para controlar las emociones, o entre cualquiera de estos puntos y la acción que decidimos llevar a cabo. Dicho de otro modo, para rendir de forma óptima es preciso que tomes conciencia de tus pensamientos y emociones, ya que reconocerlos es vital para poder actuar adecuadamente y transformar los negativos, que no te ayudan a afrontar la situación en un estado emocional óptimo, en otros que te faciliten obtener tu mejor rendimiento, tu mejor versión. En esto consiste la inteligencia emocional, la necesidad de estar en control de los pensamientos, emociones y acciones. Además, esta incluye también el ser consciente de las emociones de los otros, y utilizar esta información para poder llevar a cabo las acciones adecuadas, dirigir los comportamientos de manera más reflexiva y cuidar mejor de las relaciones.

3. **Pon el foco de atención en lo importante.** Ten presentes tus prioridades. Si has dedicado tiempo a reflexionar sobre tus valores, metas y objetivos a largo plazo, recuérdalos cuando aparezcan distracciones a corto plazo. Si bien es cierto que poner el foco de atención en las tareas a corto plazo resulta fundamental, plantéate también si estás priorizando una satisfacción o ganancia a corto plazo en sacrificio de tu meta final. Considera si tus hábitos, los factores de tu estilo de vida y tu entorno facilitan la consecución de tus objetivos, y si un placer o recompensa inmediatos son perjudiciales para tu futuro. Un caso claro de satisfacción a corto

plazo sería el sacrificio sobre el sueño, el descanso y la desconexión mental. Tener espacios de ocio es esencial, pero sacrificar siempre el sueño por el disfrute a corto plazo que supone acabar la serie o la película, la partida de videojuegos con colegas del hemisferio opuesto o la fiesta de cada fin de semana probablemente no sea lo ideal para tu objetivo a largo plazo. Esto es diferente de saber cuándo activarte y desconectarte. Como ya he comentado, para poder funcionar de forma óptima es esencial tener un correcto equilibrio entre aquello en lo que quieres rendir y —por ponerte algunos ejemplos— la familia, los amigos, las relaciones sociales o aficiones. Recargarte, regenerarte y mantenerte en equilibrio contribuye de forma fundamental al éxito. Es el arte de buscar ese equilibrio (una vez más) lo que te pone en el camino adecuado para el triunfo. Y lo mismo es aplicable a otras cosas que puedan tentarte a corto plazo, pero pongan en riesgo tu gran meta (como la dieta, el sedentarismo o los malos hábitos en general). Para ello deberás centrarte en los estímulos importantes. Ten en cuenta que el equilibrio no significa dedicar el mismo porcentaje de tiempo a tus prioridades, sino que estas se hallen en equilibrio. Quizá tus prioridades sean la familia, disponer de tiempo para ti y tener impacto en tu profesión; sin embargo, puede que dediques el 60 por ciento de tu tiempo al trabajo, el 20 por ciento a la familia y el 20 por ciento a ti (el 40 por ciento del tiempo no está destinado al trabajo). O quizá la situación sea esa y, precisamente por ello, quieras cambiar tus porcentajes. También podría ser que durante un tiempo necesites poner el foco de atención (dedicar un mayor porcentaje) a alguna de tus prioridades (un proyecto laboral puntual, o la familia, con la llegada de un nuevo miembro), y tras este tiempo puedas recuperar tu equilibrio. Por último, no podemos controlar el pasado (lo que ya ha ocurrido) ni el futuro (no sabemos lo que va a ocurrir); sin embargo, pasamos demasiado tiempo rumiando en el pasado y preocupados por el futuro, perdiéndonos el momento presente. El foco de atención también hace referencia al momento en el que vivimos, en lugar del pasado, el futuro o la multitarea, que puede llevarnos a tomar malas decisiones o actuar de manera ineficiente.

4. **Persevera: paciencia y disciplina.** En relación con tus propósitos, para alcanzar el máximo potencial es preciso que seas paciente y tengas disciplina y autocontrol. Al abordar la definición de objetivos, señalamos que estos debían ser desafiantes pero, a la vez, realistas. Y hemos visto que programar los objetivos y tareas en marcos de tiempo de referencia ayuda a mantener la motivación y a prepararse para la siguiente etapa. Los atletas de alto nivel tienen paciencia y disciplina, controlan el proceso para ir alcanzando pequeñas metas en cada paso del camino, perseveran ante las dificultades y mantienen el compromiso con el objetivo final planteado. Para reforzarlo, lo repito, porque es vital: ten paciencia y disciplina.

5. **Desafía tus límites, supérate.** Da la bienvenida a las dificultades y aprovéchalas; son una oportunidad para crecer, fortalecerse y hacerse resiliente y antifrágil.* Realizar tareas que te llevan al límite de tus posibilidades (por ejemplo,

* Nassim Nicholas Taleb, *Antifrágil*, 2013.

entrenamientos muy exigentes) puede ser doloroso; pero, si estos están bien programados, aceptar ese dolor momentáneo o incluso «disfrutarlo» es una clara cualidad de las personas con capacidad de superación. Si alguna vez has hecho estiramientos activos o una clase de yoga, probablemente hayas sentido ese dolor e incomodidad cuando hay que aguantar en una postura pero sientes que no puedes, que el dolor te supera y derriba; sin embargo, parte de estas prácticas consiste justamente en reconocer esa incomodidad, aceptarla, observar qué ocurre con esa sensación y acabar consiguiendo «disfrutar» de ella, porque sabes que, gracias a ese sacrificio momentáneo, obtendrás una mejora. Sobrepasar el punto de molestia, o incluso de sufrimiento, es la base para avanzar. Lo mismo ocurre con las dificultades como podrían ser la gestión de las personas y de las situaciones incómodas o incluso dolorosas. Ante todo, es importante ser consciente de esas personas y situaciones; de esta manera podrás utilizar (o buscar) herramientas para la gestión de sentimientos como la frustración, el dolor o la ansiedad. Desafíate, y felicítate cuando superes las adversidades.

6. **Maneja la presión.** En el contexto del estudio que mencionaba, manejar la presión hace referencia a disfrutar de la tensión de la competición, de todo aquello que envuelve el complejo clima de los preliminares, la espera, la prueba o el resultado. No obstante, también se vincula a la capacidad de rendir bajo presión, de saber que las condiciones no siempre son perfectas, y de adaptarse a estas. La capacidad de adaptarse y hacer frente a situaciones adversas no

planificadas y, aun así, rendir de manera óptima es una virtud común en aquellos que sobresalen. Supone, una vez más, reconocer lo que te añade presión (o no puedes controlar), tomar conciencia de tus pensamientos y emociones, y actuar para tomar el control de tus comportamientos y acciones. Y esto, a su vez, se relaciona con la competencia de tomar las mejores decisiones posibles a pesar de las circunstancias, cuando estas son ambiguas o cuando se ejecutan bajo presión incluso extrema.

Rendir bajo presión se puede entrenar. Consiste en reducir las diferencias entre la práctica y la «competición», entrenar bajo las condiciones en las que tienes que rendir y sobresalir. Algunas estrategias estudiadas incluyen, por ejemplo, la reconducción de conversaciones internas, pues, cuando sentimos que estamos perdiendo el control, tenemos tendencia a sabotearnos con discursos internos muy autocríticos, incluso catastrofistas. Podemos reconducir los pensamientos hacia otros más positivos y compasivos, de calma y autocontrol, intentando tomar perspectiva, o como si diéramos consejo a un amigo o ser querido. Otra estrategia es aprender a gestionar la incertidumbre: como dice Mandy Hale, «Cuando nada es cierto, todo es posible», por lo que estar fuera de la zona de control o en zona de incertidumbre también puede suponer algo positivo. También puedes centrarte en el esfuerzo desde una perspectiva positivista, en la que el ejercicio de control se dirija a descubrir qué se puede mejorar en ese momento o en el futuro.

7. **Abraza el fracaso.** Asimismo, tenemos que aceptar el error como parte del proceso. Hay que normalizar el error, porque

va a llegar, ¡sí o sí! En algún momento fallaremos. No puedes juzgar tu potencial por los errores que cometes ni sentir vergüenza porque ocurran; los errores forman parte del aprendizaje, han de servirte como guía y combustible para tu motivación. No olvides que son aceleradores del proceso de aprendizaje. Todos cometemos errores: todos. Las cosas no siempre van como deseamos, pero lo valioso es ser capaz de recuperarse de los errores y aprender de ellos para intentar que no vuelvan a ocurrir, o saber gestionarlos cada día un poco mejor. Esto es la resiliencia: la capacidad de recuperarse ante la adversidad y fortalecerse, crecer más fuerte y levantarse tras cada caída. Por otro lado, también hay que normalizar en cierto modo la derrota, porque perder no significa ser un perdedor. La derrota forma parte del proceso, y se puede aprender de ella más que de la victoria. Se puede trabajar la derrota para fomentar la mentalidad de aprendizaje, la resiliencia y estrategias de regulación emocional, enfocándose en el proceso o empleando técnicas de visualización para imaginar cómo se podría haber llevado a cabo correctamente. Los pequeños avances al manejar esos escenarios adversos irán reforzando la autoestima y, así, nos valoraremos cuando hagamos las cosas bien y apreciaremos cómo nos sentimos cuando superemos obstáculos. «La dificultad (fracaso, derrota) que acabo de superar, ¿qué dice sobre mí? Que soy fuerte, valiente, disciplinado, organizado, perseverante… ¿Y cómo me hace sentir? Satisfecho, orgulloso, feliz».

8. **Otros atributos importantes para el rendimiento mental son la ambición y la obsesión.** Ambos pueden percibirse,

en ocasiones, con clara connotación negativa si se ven como un extremo del ego. Este no es bueno ni malo de forma absoluta. Todos tenemos ego (si somos conscientes de nuestra propia existencia). Nuestro ego quiere que sobrevivamos, que nos sintamos seguros, que mantengamos el control, y fortalece nuestra identidad. El problema viene cuando el ego se sitúa en extremos, con pensamientos asociados al miedo, la envidia, la rabia, la culpa o el diálogo interno (cuando es negativo) y, por lo tanto, al catastrofismo, las comparaciones, la crítica, los «debería», los etiquetados y juicios o las magnificaciones, cuando supone ganar ventaja competitiva a costa de limitar el éxito de otros para elevarse a uno mismo. Sin embargo, el ego, la ambición o la obsesión, bien enfocados, resultan valiosos para la mejora o el desarrollo personal y profesional, especialmente cuando están ligados a la confianza, la autoestima o la pasión. La ambición por la victoria y el querer ser mejor o la obsesión por la excelencia son cualidades que también pueden presentar aquellos que anhelan alcanzar sus metas y propósitos.

Como ves, la fortaleza mental no se basa en el modelo de «macho fuerte» que se muestra invulnerable, sin miedos, con control y poder, y siempre victorioso. Las virtudes, dentro de la mentalidad y la actitud relacionadas con las fortalezas, se asocian a la confianza en uno mismo, las prioridades (el deseo y la motivación), el estar enfocado y aquellos aspectos relacionados con el estilo de vida o el lidiar con la presión (la ansiedad, el dolor y las dificultades). Por otro lado, los atributos relacionados con rendir en un escenario de adversidad incluyen afrontar los obstáculos de la mejor forma posible, tomar las mejores decisiones posibles en situaciones difíciles, prepararse para las situaciones estresantes, mantener el foco de atención y ser capaz de gestionar la presión y el entorno, controlar los pensamientos, autodirigirse, automotivarse y perseverar mentalmente.

TU RENDIMIENTO MENTAL: «ESTAR EN LA ZONA»

El estado psicobiológico en el que una persona se encuentra completamente inmersa y sin aparente esfuerzo en la actividad que realiza se conoce popularmente como «estar en la zona» o *flow state* (estado de flujo). A menudo se considera sello distintivo del máximo rendimiento. Es un estado referido por deportistas, artistas, escritores o músicos al ejecutar su dominio de pericia, en momentos de máxima eficiencia e inmersión en la tarea. Por eso resulta interesante abordarlo aquí.

El estado de *flow* se describe como ese en el que nos sentimos en el mejor momento y rendimos de la mejor manera posible. En el ámbito deportivo (y, en realidad, en cualquier proceso de eficiencia) es un estado de conciencia buscado, por el impacto percibido en la productividad y los efectos positivos asociados con el estado de ánimo, la motivación intrínseca, la atención absoluta, la alegría, el éxtasis, la falta de esfuerzo y la reducción de la percepción del dolor. Algunas de las sensaciones que se detallan cuando «estás en la zona» son la capacidad de perderse en la experiencia, de libertad y de autenticidad, o el poder sentirse uno mismo haciendo algo que te gusta y que, en ese momento, dominas sin esfuerzo (aunque esa falta de sacrificio sea solo aparente). Su impacto alcanza beneficios cognitivos, de productividad, aprendizaje y memoria, creatividad, innovación, conciencia del entorno, empatía, cooperación y colaboración. Se considera que neurotransmisores como la dopamina o noradrenalina, o neuroquímicos como la anandamida, desempeñan un rol significativo en la bioquímica del estado de *flow*. Uno de los autores que suelen citarse al tratar este estado es Mihály Csíkszentmihályi. Para este psicólogo, el *flow* se caracteriza por cubrir nueve dimensiones:

1. el equilibrio entre las habilidades y el desafío;
2. la fusión acción-conciencia;
3. objetivos claros;
4. retroalimentación inequívoca;
5. concentración total en la tarea;
6. sentido del control;
7. pérdida de la conciencia de uno mismo;
8. transformación (percepción) del tiempo;
9. experiencia intrínsecamente gratificante.

En definitiva, se trata de un momento en el que nos sentimos profundamente conectados con nuestro propio sentido de identidad y se genera un escenario en el que hacer lo que estamos haciendo toma una fluidez absoluta, se considera plenamente natural. Como ves, para experimentarlo deberán alinearse muchos de los elementos que hemos ido tratando. Espero que, si aún no has vivido ese estado, puedas hacerlo algún día.

El *flow*, aunque buscado, surge, como hemos visto, de forma espontánea, es decir, no se encuentra bajo nuestro control. Sin embargo, el factor que sí lo está es la gratitud. Las personas agradecidas son más felices porque valoran lo que tienen, lo que son y lo que les sucede. Es clave aprender a dar las gracias, tanto por las personas como por las circunstancias. Ser agradecido supone mucho más que ser optimista. Tampoco significa ser conformista. A veces la vida nos pone en situaciones injustas, pero podemos aprender a ver los retos como oportunidades y a ser agradecidos por lo que nos pueden aportar. Celebra los progresos, por pequeños que sean... y agradece lo que se te pone enfrente. Que la derrota te sirva para hacerte más fuerte, que te permita investigar por qué ha ocurrido y aprender a conocerte mejor y a seguir evolucionando.

Para cerrar esta sección recuerda que, a la hora de plantearte tu preparación mental, pedir ayuda está bien. Es una opción. Como dijo DeMar DeRozan, jugador de la NBA: «Nunca te avergüences de querer ser un mejor tú». Así pues, una vez más, si necesitas que te guíen en algún momento, ponte en manos de un profesional actualizado, competente y honesto, ya sea tanto para superar una situación difícil como para mejorar u optimizar tu potencial.

Disfruta del proceso de tu vida.

TERCERA PARTE
Compite

10

El momento competitivo

El escenario de la competición es, en el fondo, para lo que uno se prepara y entrena. Es el momento de mostrar tu *performance.* Sin embargo, en ocasiones los retos «competitivos» surgen, por lo que si cuentas con una buena base, unos buenos fundamentos y una filosofía de vida acorde con tu identidad habrás entrenado para ellos. Voy a hablarte del momento competitivo, pero la idea es que puedas extrapolarlo a tu contexto y a tus circunstancias, como si fueras un atleta de élite, pero de tu trabajo o vida.

POR QUÉ Y PARA QUÉ COMPITES

En 2020 el mundo se paró, para algunos. Con la confirmación del virus SARS-CoV-2 (COVID-19) se produjo un hiato, una situación que nunca habíamos vivido, un confinamiento mundial. Mientras el mundo se quedaba en casa, algunos de nosotros empezamos la que sería una de las etapas más agotadoras de nuestra temporada deportiva: había que mantener a los deportistas activos, cuidarlos y prepararlos mentalmente, con todas las limitaciones y restricciones del momento. En pocos meses se reinició la actividad competitiva, pero esta vez sin público. A nosotros nos confinaron en una burbuja en Orlando (Florida, Estados Unidos), donde se jugaron los *play-offs* de la NBA. Creo que competir sin público es una de las sensaciones más extrañas que hemos vivido aquellos que formamos parte de la competición de alto nivel, porque el público forma una parte imprescindible del espectáculo. Un equipo puede luchar por un trofeo, pero en cierto modo se compite para la afición, y por ello los triunfos se magnifican cuando los compartes con ella (o con tu tribu).

En el deporte se compite por algo, normalmente externo, pero cada deportista-persona lleva dentro el porqué de ese instinto competitivo. Uno puede competir para llevarse a sí mismo a lo más alto; para explorar sus límites, superarse y crecer; para saber que tiene el control; para estar orgulloso de sí mismo; para profesar que es mejor que los demás; para dar espectáculo; para brillar. Hay personas que pueden competir por la medalla, la fama, el reconocimiento o el dinero. Sin embargo, la superación de un reto personal también puede ser un viaje del todo privado, con tu yo interior como único testigo, como leí algún día en algún lugar. Y por eso muchos deportistas saben que el foco de atención es, sobre todo, uno mismo, competir contra uno mismo: intentar ser mejor que tu yo de ayer. Porque, cuando te enfrentas a un rival, te enfrentas a ti mismo cada vez; necesitas dar tu mejor versión y ver si con ello superas al contrincante, o simplemente superarte a ti mismo para mejorar tu marca personal, tus límites, ya sean físicos, mentales, intelectuales o emocionales.

Descubre o ratifica por qué o para qué compites, pero ten presente que competir no es compararse. Durante algún tiempo pensé que ser mejor significaba ser mejor respecto a alguien con quien te comparabas o competías, porque el mundo competitivo nos empuja a las comparaciones; pero hace mucho tiempo que descubrí que ser mejor, en realidad, significa serlo respecto a ti mismo, respecto a tu yo de ayer. Uno compite siempre contra sí mismo. No importan la posición, el cargo, el rango, el contexto ni el objetivo que te hayas propuesto: siempre compites contra ti mismo. No te centres en compararte ni en la competencia, sino en diferenciarte de esta, ser tu mejor versión, tu valor más alto.

La satisfacción de superarte

Habrá momentos en los que te sentirás solo e incomprendido, en los que vacilarás, en los que te abrumará la incertidumbre; momentos en los que alguien te dirá que no lo hagas, que te equivocas, te hará dudar y te hará sentir que no serás capaz. Cualquiera que se haya propuesto algo importante para sí mismo se enfrenta a sus miedos e inseguridades, duda, sufre y siente un dolor (físico, subjetivo o emocional) que le hace cuestionarse hasta dónde está dispuesto a aguantar. Es normal, humano, lícito y hasta necesario tener estos pensamientos o sentimientos. No es posible romper la barrera hasta que se llega a ella. Esa es la *competición*. Porque experimentar la sensación de «éxito» (bajo tus parámetros) a veces requiere sufrir y llevarse al límite, para luego apreciar lo que significaba ese éxito y la satisfacción que conlleva.

Como hemos visto, a veces es necesario dar un paso atrás para coger impulso y poder dar dos hacia delante, a pesar de la frustración que se siente en ese momento. Los momentos de frustración también son importantes, sobre todo si hay un choque de expectativas, no como sinónimo de fracaso, sino como ocasión para generar oportunidades futuras. Recuerda que para esos momentos de dificultad cuentas con valores como la disciplina, el coraje, el compromiso, la autoconfianza, la amabilidad y la autocompasión, que te permiten seguir superándote. Muchas veces, las cosas que más valen la pena son las que más cuesta conseguir; pero justamente por ello también resultan más gratificantes cuando las alcanzas.

Formar parte de algo más grande que tú mismo

Una de las sensaciones más gratificantes y embriagadoras que se pueden experimentar es formar parte de una organización (equipo, grupo, empresa) que significa algo grande para ti, una potencia que es más grande que tú mismo: pertenecer a una de las franquicias más exitosas del deporte mundial, competir por tu país, representar a un colectivo, simbolizar unos ideales, generar una comunidad, alcanzar un puesto de trabajo en una compañía top mundial.

Ahora bien, no formes parte de algo si no te valoran o respetan, si no compartes los principios, valores o actitudes, si sientes que no perteneces o que no te representa. No permanezcas donde no te quieren o no te valoran. O, dicho de otro modo, trata de estar donde sí lo hagan, te representen, te quieran y seas libre. No pierdas de vista algo esencial: siempre te tienes a ti. Sé fiel a quien eres, no te traiciones a ti mismo. Permanece leal a tus valores, principios e identidad.

En ocasiones compites para los demás, porque eso es lo que te llena. Otras te vale con demostrarte a ti mismo que eres capaz, que ese viaje interno y privado es suficiente para ti. Y en ciertas circunstancias idealizas unicornios que al final no te representan como esperabas. Lo que no puedes perder de vista es que cuando compites, cuando vas a por ello, a veces ganas y otras pierdes. Aunque en muchas ocasiones lo más importante no es eso, sino lo que aprendes por el camino.

11

Ganar y perder

Como en toda competición o momento importante, algunas veces se gana y otras se pierde. Lo normal (estadísticamente) en el deporte de élite es perder o perder mucho más de lo que se gana. Es muy difícil ganar. Solo un competidor consigue la medalla de oro, solo un equipo gana la Champions, solo un piloto de Fórmula Uno gana el mundial. Es necesario otorgar al triunfo el valor que realmente tiene. Tampoco se puede dar por sentado que los equipos que se consideran favoritos ganarán siempre. De todas formas, aunque ganar la prueba final sea el reto, lo importante es ganar en los momentos decisivos, o ganar esas pequeñas batallas que te ayudan a superarte, aprender, ser mejor y motivarte para seguir por el camino que llevas, o te hacen ver que igual hay que modificar algo para poder avanzar.

TÚ ERES TÚ, NO UN RESULTADO

Para los que estén menos familiarizados, la NBA es la liga de baloncesto más importante del mundo, y una de las *major leagues* de mayor influencia. A nivel profesional, trabajar en una *major league* podría equivaler a llegar a lo más alto en mi profesión, o al menos así lo perciben algunos. En 2015 empecé a trabajar para los San Antonio Spurs, una franquicia NBA. Definitivamente, la experiencia supuso un antes y un después en mi carrera. Empecé con un rol modesto, a caballo entre el primer equipo de la NBA y el equipo filial de la G-League (lo que equivaldría a una segunda división). Era una mujer en un sector predominantemente masculino, nunca había jugado al baloncesto y era extranjera (en Texas) y con un nivel de inglés correcto, pero no era mi lengua materna. A pesar de que ciertos aspectos no jugaban a mi favor, tenía dos cosas claras: contaba con el apoyo y el respeto de la franquicia, y sabía cómo tenía que hacer mi trabajo.

Durante el primer año evolucioné deprisa, y al siguiente estaba involucrada al cien por cien en el primer equipo y liderando la configuración de *performance* del segundo equipo. Esa temporada ganamos el anillo (campeonato) en la G-League. Pasé cuatro temporadas en los San Antonio Spurs, con un rol que fue evolucionando desde las ciencias del deporte y la preparación física hacia la innovación o la implementación de procesos de trabajo y de tecnología en la franquicia. También mi inglés mejoró muchísimo, y fui desarrollando la relación con los jugadores, entendiendo mejor lo que es trabajar con superestrellas y superentrenadores, y cómo gestionar conversaciones de alto nivel con la directiva, empresas desde Apple o Nike hasta los Navy SEAL, o cualquier marca o compañía de las que suelen gravitar alrededor de este tipo de organizaciones top mundial.

Sin embargo, creo que el momento más importante de mi carrera profesional fue la presentación para optar a ser directora del rendimiento de los Philadelphia 76ers (los Sixers), también en la

NBA. En ciertas ocasiones me parece que pasó hace mucho tiempo, casi otra vida, pero la verdad es que recuerdo perfectamente el proceso. Alex Rucker, el vicepresidente de *Basketball Operations* de los Sixers, me llamó para decirme que, tras nuestras conversaciones telefónicas previas, quería que presentara mi proyecto para dirigir y liderar el departamento de rendimiento de la franquicia ante la cúpula directiva en Filadelfia, de forma presencial. Por mi experiencia en procesos de selección en la NBA sabía que sería duro. Yo había liderado esos mismos procesos para detectar talentos para la G-League y era consciente de que constaban de muchas fases, entrevistas a los candidatos, presentaciones de proyectos, más entrevistas… Así pues, establecí mi plan. Preparé una presentación de cuatro o cinco diapositivas; sabía que tenía que ser directa, clara y ofrecer algo atractivo. Quería ese trabajo porque me sentía preparada, tenía perfectamente identificado cómo quería llevarlo a cabo y cuáles serían mis prioridades, la visión de la estructura, las características del equipo de trabajo, las fases de implementación, la tecnología… Estaba muy segura de mí misma, pero, por supuesto, sentía respeto, porque era una oportunidad de esas que se presentan muy pocas veces en la vida (si es que llegan a presentarse alguna vez). Podía ganar o no, resultar elegida o no, pero me sentía muy preparada para competir por el puesto. Y creía en mí.

A los pocos días, Alex me llamó: «Hemos entrevistado a mucha gente de todo el mundo, y te queremos a ti». Y de ese modo comenzó el que sería el reto profesional más importante, exigente y fascinante de mi carrera, de una dimensión superior a cualquier escenario que hubiera podido vivir antes. Y no solo por la importancia y la responsabilidad del cargo, sino porque me permitió crecer exponencialmente como profesional y como persona. El puesto suponía la dirección del departamento de rendimiento de la franquicia, reportando al entrenador jefe y al *front office* (o dirección deportiva); implicaba liderar grupos humanos, proyectos y, además, asegurar que los jugadores disponían del mejor entorno y los recursos para rendir. Hubo momentos extraordinarios, pero también otros durísimos, sujetos a una gigantesca presión; sin embargo, ambos fueron los responsables de que empezara a entender cómo quería trabajarme a mí misma en el futuro o a cuestionarme prioridades en mi vida (contaba con nuevos parámetros para medir mi éxito personal y mi felicidad).

La historia en la que consigo el trabajo de mi vida es una historia de éxito, pero hay muchas de pequeños y grandes fracasos. Es una vida de éxitos personales y profesionales intercalados con decepciones, desengaños y frustraciones. Competir es ser valiente, y el coraje es uno de mis valores estandarte, como ya he compartido. Ser valiente es atreverse. Atreverse es decirse a uno mismo: «Sé que puedo fallar y aun así estoy totalmente dispuesto a intentarlo». Ser valiente es atreverse a hacer, pero también a dejar ir. Cuando uno se atreve a hacer cosas, también falla, y pierde. También he perdido; he perdido el trabajo, he perdido la pareja, he perdido la batalla... Algunos autores hablan de «abrazar el fracaso», aprender de él, utilizarlo como estímulo, pero la realidad es que ese momento de fracaso, aunque sea breve, es duro, duele y afecta. Es normal, porque significa que te importa. Sin embargo, aunque al principio pueda parecer una contradicción, cuando se pierde también se gana; se gana experiencia, se ganan conocimientos, se ganan herramientas para el futuro, se ganan nuevas personas, se gana libertad, se gana autoestima, se ganan oportunidades. Lo habrás intentado, habrás aprendido y crecido. Y puede que hasta estés orgulloso de lo que estabas creando o construyendo, aunque no haya funcionado.

Atreverse también es salir de tu zona de confort, esa zona de seguridad que tenemos, hacia una zona de inseguridad y miedo a lo desconocido, miedo a perder lo que tienes o lo que eres. Pero, cuando sales de tu zona de confort, en realidad la estás ampliando; es cuando amplificas tu aprendizaje, te desarrollas, te mueves hacia delante. El cambio no significa pérdida; significa desarrollo. Cuando pierdes unas cosas, ganas otras. Esto va de caerse y levantarse, cada vez. Una vez y otra vez y otra vez. Y una vez más. Y seguir aprendiendo. Y seguir intentándolo. Siempre tienes la oportunidad de volver a intentarlo. Al final, lo que parecían derrotas fueron victorias.

12

Un gran competidor es un líder

A los competidores natos les gusta ganar. O, dicho de otro modo, no les gusta perder ni a las canicas. No les tiembla el pulso si han de asumir la responsabilidad en los momentos difíciles del partido o tirar del equipo cuando las cosas se ponen cuesta arriba. Son capaces de sacar fuerzas de donde no las tienen, asumir riesgos, jugársela, tirar de orgullo, excitar al personal o mantener la calma en momentos de tensión. Saben sacar lo mejor de sí mismos y de los demás. Son los que, dentro de la élite, sobresalen. Estos líderes se hacen visibles muchas veces durante la competición, por el carisma que desprenden o el impacto que tienen en ese momento: remontar un partido imposible mostrando una enorme fortaleza mental, intimidar al rival con su autoconfianza, tirar del equipo frente a una posible derrota. Estas personas animan, apoyan, escuchan, empatizan, apasionan, entusiasman, estimulan, impactan. Pero es cierto que un líder, aunque sobresalga durante la competición, seguramente también lo sea durante el proceso. Liderar es una cualidad, un valor, forma parte de la identidad. Es una aptitud que, aunque natural para algunos, se puede trabajar, entrenar y potenciar, como cualquier otra.

DAR LO MEJOR DE TI

Para escribir estas líneas he estado recordando a algunos de los deportistas a los que he acompañado en situaciones de máxima exigencia competitiva. Hay circunstancias que requieren dar lo mejor de uno mismo. Recuerdo perfectamente la sensación al verlo a *él* (M. G.), uno de nuestros jugadores estrella en los San Antonio Spurs, meter esas tres canastas imposibles seguidas que dan la vuelta a un partido, consiguiendo así que el equipo pase a la siguiente fase de unos *play-offs*, levantando de sus sillas a miles de aficionados. O verla a *ella* (O. C.) salir a competir, entrar en la piscina con esa mirada de animal estratega que va a atacar, con la máxima concentración en el rostro, a punto de salir a demostrar que va a por otra medalla. O al capitán del equipo (R. F.), dando ese discurso en el vestuario en la media parte, motivador, desafiante e inspirador, porque sabe que tienen en sus manos la responsabilidad de lo que va a acontecer: contra todo pronóstico, hacer historia una vez más consiguiendo el oro imposible. Un gran competidor es inspirador. Un competidor es un líder. Un líder es energizante.

Puede que admires a ese deportista, o a tus referentes, por su capacidad competitiva, por sacar adelante ese «imposible» y hacer historia, por su forma de brillar, emocionar o hacerte vibrar en circunstancias de máxima exigencia. Sin embargo, también he visto a algunos sacar lo mejor de sí mismos en los momentos más duros de su carrera deportiva; por ejemplo, al sufrir una lesión grave (que puede suponer incluso el final de una carrera). *Él* (T. P.) sabe lo que es estar en la cresta de la ola: ha ganado cuatro anillos NBA, ha sido nombrado el jugador más valioso (MVP) de unas finales, ha sido seleccionado para el All-Star Games en seis ocasiones, ha hecho historia jugando para su país y ha ganado medallas y condecoraciones en competiciones internacionales. Y, aun así, lo que le hace grande en las distancias cortas es su capacidad de superación. Es increíble la capacidad de sufrimiento que una persona puede asumir en uno de los momentos más devastadores de su carrera, con toda la incertidumbre que ello conlleva, y poseer la virtud de levantarse al día siguiente, dispuesto a dejarse la piel para recuperarse y volver más fuerte y preparado, demostrando que vale la pena luchar cada día, con esfuerzo y optimismo, disfrutando del proceso, aprovechando las oportunidades que esta nueva circunstancia le brinda, y afrontarlo como una parte más de su desarrollo.

Y, definitivamente, puedes ser un líder por cómo ejecutas tu proceso, tu trabajo diario, tu actitud ante las circunstancias y la vida. Su historia empieza en el Congo (África) y encuentra su clímax en la NBA, donde consigue un anillo (campeonato) tras años de trabajo escalando su potencial. *Él* (S. I.) es un modelo en dar lo mejor de sí mismo demostrando su ética de trabajo en el día a día. Es un auténtico profesional. Lidera con su ejemplo. Es el primero en llegar y el último en irse; cuida de su cuerpo, su mente y su alma cada día; se muestra siempre agradecido, inquieto, aprendiz y mentor; siempre dispuesto a que su yo de mañana sea mejor que el de ayer, preparado para superar los retos que le pone la vida no solo no rindiéndose, sino concluyentemente superándose.

No se trata solo de no tirar la toalla, sino también de afrontar los retos como desafíos y los obstáculos como oportunidades, manteniendo el control y la calma, la cabeza fría, sabiendo poner perspectiva y trabajando paso a paso, día a día, para ser mejor que tu yo de ayer. Cada día supone una nueva oportunidad para intentarlo, para ser tu mejor versión como líder, sean cuales sean las circunstancias en las que te encuentres.

POTENCIAR LO MEJOR DE LOS DEMÁS

Ser un buen líder implica tener la habilidad de influir e inspirar a otras personas, porque se ejerce una especie de poder sobre ellas, una influencia positiva. Este poder es relativo, situacional y contextual; depende del entorno, el ambiente, el contexto, con quién trabajas, y los sistemas y principios culturales de la organización, ya sea en el vestuario, en los despachos o ante tu público (alumnos, pacientes, equipo de trabajo, ciudadanos…). Recuerda que, para brillar, ayuda estar en el sitio adecuado, rodeado de personas que te valoren, incluso aunque te encuentres en ambientes hostiles.

Tipos de poder

El poder de liderar a otros puede ser:

- Formal o estructural: Otorgado a través del título del trabajo, cargo o posición que garantiza poder.
- Informal o personal: Se da cuando influyes y motivas a otras personas. Este depende de tu *expertise* (pericia y habilidades), la información que poseas, los conocimientos y la capacidad de transmitirlos, la habilidad de persuadir, el carisma que desprendas, el ser una celebridad o un referente, la reputación o el *networking*, entre otros.

El poder formal o estructural, concedido a través de un título o puesto, no garantiza el liderazgo. La autoridad (y el autoritarismo) no asegura el liderazgo. El rol de líder otorgado es muy necesario, sobre todo cuando se trabaja en equipo (necesitamos más y mejores líderes), pero si no inspiras e influyes positivamente a otras personas quizá seas el jefe, pero no el líder.

Un líder es capaz de cuidar de su desarrollo personal a la vez que ser un mentor y potenciar la educación y el crecimiento personal de otros. En numerosas ocasiones se otorga el puesto de liderazgo a alguien que ha destacado por sus habilidades, por ser bueno en lo que hace (técnicamente), pero cuando eres un líder has de centrarte en estar al servicio de los demás. Potenciar a los demás es servirles como ellos necesiten. En ocasiones será apoyando, escuchando, empatizando con las emociones. Otras, haciendo de conector, revisando jerarquías, proporcionando y garantizando entornos de confianza. Quizá ejerciendo una influencia positiva sacando al otro de su zona de confort para su propio desarrollo y crecimiento, sin olvidarnos de premiar al que mete el gol, pero también al que da el pase; al que brilla y al que contribuye al éxito desde la sombra; al *rockstar* y al *superstar*.*

Ser un líder facilitador es acompañar, motivar, delegar, dirigir, guiar, alentar, hacer mejores a los demás y dar libertad, permitiendo que a su vez otros lideren y avancen. Ahora tu trabajo es elevar a otras personas, cuidarlas e influir positivamente en ellas. Recuerda, un jugador gana partidos, pero es el equipo el que gana campeonatos. Y el líder es el responsable de guiarlos, de sacar lo mejor de cada uno. De sacar lo mejor de los demás.

* Kim Scott, *Franqueza radical: Consigue lo que quieres diciendo lo que piensas*, 2024.

¿QUÉ CARACTERIZA A UN BUEN LÍDER?

Cualquiera puede ser un líder, con la formación adecuada, para descubrir y mostrar su auténtico potencial. Es una cualidad que puedes desarrollar si no es natural en ti, y potenciar si sí lo es. Siguiendo algunos de los aspectos que he ido presentando, los líderes tienen una visión o una ambición, y son inspiradores a la hora de transmitirla y compartirla. Si te paras a pensar unos segundos, ¿qué líderes reconocidos te vienen a la cabeza? Quizá aquellos que tuvieron un sueño (*I have a dream!*), una misión o un cometido, o que cautivaron al público con discursos inspiradores (Mahatma Gandhi, Nelson Mandela, Steve Jobs…). Un líder tiene un propósito; ten presente el tuyo, o los tuyos, transmítelos y vívelos con convicción.

Un líder tiene valores y principios. Algunos de estos son tradicionalmente conocidos, como la empatía o el trabajo duro, y otros son más actuales, como la vulnerabilidad, la humildad, la integridad, la autoconciencia, la amabilidad y la responsabilidad. En cualquier caso, cada líder puede fundamentarse en sus propios valores y principios; lo importante es que los practiques, que seas coherente y que los demuestres con tus comportamientos y acciones. Aquí puedes recuperar el ejercicio de reflexionar sobre tus valores, en este caso desde el prisma del liderazgo. Además, entre otras muchas características, un líder es curioso y tiene la capacidad de ser creativo, innovador, arriesgarse y confiar en sí mismo (sin tener que ser soberbio). Y es que un líder debe ser valiente. Ten la valentía de romper barreras, si es lo que necesitas para llegar adonde te propones.

Asimismo, en un entorno laboral, un buen líder sabe establecer una dirección (el rumbo de trabajo o del proyecto); comunica unos objetivos significativos, coherentes y claros, y lidera cómo llevarlos a cabo, preocupándose por la eficiencia en el cumplimiento de las tareas, su monitorización y la resolución de conflictos, y proveyendo resultados tangibles. Además, estructura el equipo de trabajo (definición de roles, responsabilidades, puntos de interdependencia e intersecciones) y es un conector (tiene la habilidad de conectar con y a los demás); contribuye y beneficia al ecosistema de gente a su alrededor. Está abierto a entablar relaciones, a generar confianza en otros y a desarrollar relaciones interpersonales significativas alrededor de esa confianza, proporcionando entornos de seguridad psicológica (comunicación bidireccional, sensibilidad social o potenciación de interacciones). El liderazgo requiere cooperación; es un deporte de equipo. Un líder favorece la conexión humana. Conecta con tu equipo, con tu gente, y genera entornos de confianza.

Un buen líder convierte grupos en equipos, maneja los conflictos eficientemente, evalúa el rendimiento y da *feedback* constructivo, a la vez que acepta las críticas constructivas, maneja el talento, toma decisiones, ejecuta, asume responsabilidades, tiene credibilidad (fundamentada) y es auténtico. Un líder tiene el coraje de potenciar el talento de los demás, de servir a otros en lugar de a sí mismo. Promueve una cultura de integración, pertenencia, inclusión y diversidad, de compromiso y propósito compartido.

Si vas a liderar tu proyecto personal de rendimiento, quizá quieras profundizar en ciertas herramientas para potenciar tu liderazgo o el de tu equipo. ¿Qué tipo de líder quieres ser?

13

Los rituales competitivos

Estamos en «modo competitivo». Es tu momento de rendimiento óptimo, de máxima eficiencia: un proyecto, una venta, una exposición. En definitiva, la ocasión para la que has estado preparándote. Esta, periódica o puntual, será de excitación (*arousal*), entendida como el estado fisiológico y psicológico que nos mantiene activos, alerta, atentos, despiertos, vigorosos, energéticos, en tensión, concentrados y cognitivamente preparados. Ya desde la fase de preparación te inundan sensaciones y emociones que no puedes encontrar en otros ámbitos o circunstancias. Las hormonas de la excitación, la motivación, el riesgo y el placer futuro vuelven a entrar en acción (sistema endocrino), y, junto con la implicación del sistema de activación reticular ascendente del cerebro y el sistema nervioso autónomo simpático, favorecen la activación física, la alerta sensorial, la reactividad y el deseo de realizar lo que acontece. Y por ello, si disfrutas el momento competitivo (con los rituales que implica), este puede ser muy adictivo.

Los grandes competidores disfrutan con todo lo que hay alrededor de la competición o el reto. Desean estar ahí, saborean todo lo relacionado con los preparativos, los preliminares, la espera previa, la presión, la propia competición, el después. Dispones de herramientas que te ayudarán a preparar este momento (tus valores, tus hábitos, tu práctica, tu mentalidad; en definitiva, tu estilo de vida). Sin embargo, si en tu contexto la competición implica ciertos momentos concretos, puede que debas (o desees) revisar los rituales alrededor de esta. Si es así, te propongo el siguiente ejercicio. Imagina una raya horizontal que representa una línea temporal, con un pequeño círculo central; ese círculo es tu momento competitivo, tu prueba, desafío, presentación o momento clave. ¿Qué preparativos necesitas las horas previas? ¿Tienes algún ritual para tus eventos importantes? ¿Qué ocurre al acabar? ¿Reflexionas sobre cómo ha ido la prueba? ¿Necesitas recuperarte? Veamos ejemplos en el contexto deportivo:

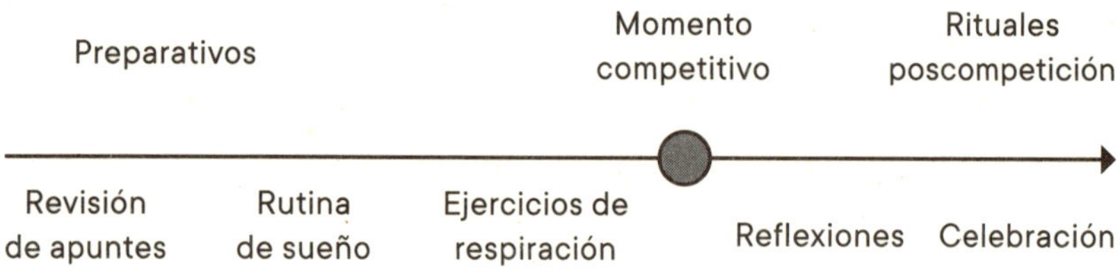

Preparativos

Momento competitivo

Rituales poscompetición

Revisión de apuntes

Rutina de sueño

Ejercicios de respiración

Reflexiones

Celebración

1. Primero tenemos los preparativos. Para un jugador, puede que los preparativos empiecen la noche anterior. Mediante cuestionarios subjetivos y monitorizaciones objetivas con *wearables* específicos del registro de parámetros de sueño (que he podido medir en jugadores NBA, jugadoras WNBA, de G-League o de LaLiga), he comprobado que el promedio de horas de sueño es mayor la noche previa al partido (y así lo reflejan estudios en deportistas de élite). El descanso de la noche anterior es importante y así se valora. El día del evento, empiezan las rutinas prepartido, los ejercicios de

la mañana, lo que comen y cuándo lo comen, el momento de descanso y desconexión, y la llegada al estadio (en tu caso, puede ser la oficina, el examen, la presentación o el show). Comienzan los rituales competitivos individuales. Cada persona tiene una ceremonia precompetitiva, con sus preparativos, manías y supersticiones: los ejercicios individuales, el orden como se visten, cómo se atan las zapatillas, la música que escuchan, con quiénes hablan, con quiénes no hablan, su momento de preparación mental (mediante el rezo, la meditación, la visualización, las técnicas de foco de atención o la estrategia que le funcione a cada uno). Antes de un momento importante hay una preparación física, mental y emocional (incluso espiritual en aquellos que así lo necesitan).

2. Después compites. Según el tipo de evento, puede que también necesites estrategias de potenciación durante la competición, como, por ejemplo, nutricionales, de hidratación, de gestión de pensamientos, emociones y actuaciones; pueden ser personales para ti o para el equipo que lideras o del que formas parte.

3. Y, por último, llega el momento poscompetición. Es el momento de la gestión de la victoria o de la derrota, de la euforia o las frustraciones, del *feedback* y la reflexión. Y es el turno de la recuperación y de la desconexión final, donde adquieren protagonismo las estrategias de recuperación, que veremos con mayor profundidad a continuación; es el momento de regenerarnos.

Recuerda, eres suficiente.

CUARTA PARTE

Recupérate

14

Las cosas buenas pasan cuando recuperas

Yo creo en la recuperación como parte del proceso de adaptación, mejora y potenciación del rendimiento. ¿Y tú? Si no crees en la recuperación como un componente fundamental de tu proyecto a la hora de ser productivo, no estarás dispuesto a invertir de verdad en recuperar, ni a dedicarle tiempo y recursos. Diferenciemos en este punto entre creencias y comportamientos. Puede que sepa que la recuperación es importante, crea en sus beneficios e incluso espere que me ayude, pero si no forma parte de mi estilo de vida ni resulta prioritaria en mi proceso de rendimiento no seré capaz de actuar en consecuencia, con lo que mis comportamientos y hábitos no respaldarán ese compromiso con la recuperación (es decir, recuperarse, resetearse, restablecerse). Sea cual sea tu propósito de rendimiento, regenerarte debería formar parte de él, con estrategias de recuperación que se dirijan a restablecer los aspectos psicológicos, fisiológicos, emocionales, sociales y conductuales.

LA RECUPERACIÓN ES PARTE DEL PROCESO

La relevancia de la recuperación está ampliamente aceptada en la comunidad deportiva, sobre todo en el deporte de alto rendimiento. No solo los requisitos del propio entrenamiento y de la competición son exigentes, sino también otros aspectos, como calendarios cada vez más congestionados, viajes, cambios de zona horaria y de entorno, disminución de los periodos de recuperación entre competiciones, compromisos mediáticos, presión de las redes sociales o conciliación familiar, entre otros factores que, en realidad, nos afectan a un gran número de la población. Por ello, la fase de recuperación cobra especial importancia en cualquier proceso de rendimiento o de búsqueda de eficacia.

Hoy en día existen numerosas fuentes de información de calidad, estudios y ejemplos empíricos diarios alrededor del valor de la recuperación, el descanso y el sueño para tener una vida saludable o alcanzar el máximo potencial de rendimiento. Tanto en el plano físico como mental, durante la recuperación se producen una serie de fenómenos reparadores en casi todos los niveles del organismo. Es el momento donde se permite al cuerpo curarse.

Beneficios de la recuperación

Entre los beneficios de una óptima recuperación encontramos la repleción de los depósitos energéticos, la reparación de los tejidos, el restablecimiento del equilibrio hormonal, la fijación de aprendizajes y de la memoria, el refuerzo del sistema inmunitario, la reducción del potencial y riesgo de lesión, o la mejora del rendimiento general o las ganancias marginales.

Cada vez hay más pruebas que sostienen que las intervenciones de recuperación pueden ser eficaces a la hora de reducir la fatiga general, los marcadores de daño muscular, el dolor muscular de aparición tardía (DOMS), la inflamación y la hinchazón; mejorar la eliminación de lactato sanguíneo y la creatina quinasa; aumentar el flujo sanguíneo y el rango de movimiento; reducir el dolor muscular percibido, o mejorar el rendimiento. Una lista bastante importante.

PERO ¿DE QUÉ TENEMOS QUE RECUPERARNOS?

Cuando se aborda la recuperación y su importancia, suelen exponerse los efectos positivos de estrategias concretas de recuperación sobre el organismo (tienes ejemplos en el cuadro de notas superior). Es decir, puede que una marca (o estudio) destaque su producto porque tiene efectos beneficiosos para reducir la fatiga local o la inflamación, mejorar el retorno venoso, incrementar la relajación muscular o favorecer la recuperación mental y emocional. Sin embargo, es importante entender bien, en primer lugar, cuáles son los mecanismos estresantes, qué está produciendo esa fatiga, esa inflamación, esa alerta constante bajo estrés, esa ansiedad. Y, a partir de ahí, qué funciones fisiológicas y psicológicas proporcionan las diferentes estrategias para escoger las mejores opciones según nuestras necesidades. Vuelvo a escribirlo con el fin de resaltarlo: la base para poder diseñar un buen plan de recuperación y escoger las estrategias más adecuadas es identificar cuáles son los estresores a los que estamos expuestos, identificar de qué nos hemos de recuperar.

¿Qué te roba energía, te genera fatiga (física, mental, emocional, espiritual), te desgasta puntualmente (fatiga aguda) o a largo plazo (fatiga crónica), o debilita tu bienestar? Puede que sea la falta de ejercicio (o el exceso de este), una dieta deficiente (o demasiado abundante), el estrés, la falta de sueño de calidad, demasiado trabajo y responsabilidades, horarios desajustados, tensiones familiares o entornos sociales tóxicos.

Intenta reconocer tus estresores y qué áreas de tu rendimiento pueden beneficiarse de una recuperación óptima. También puedes tomar conciencia de los posibles factores estresantes mediante la realización de evaluaciones objetivas, como análisis de sangre (para determinar si tienes alguna deficiencia o desajuste que pueda estar causándote dicha fatiga); valoraciones biomédicas utilizando desde *wearables* comerciales hasta tecnología puntera, alcanzable a nivel élite y popular (por ejemplo, para valorar tu calidad y cantidad de sueño, tu nivel de actividad diaria, diferentes parámetros de tu frecuencia cardiaca —relacionados con el estado de forma o la recuperación y el funcionamiento del sistema nervioso autónomo-—), pasando por realizar estudios genéticos. Contar con información subjetiva y objetiva nos ayudará a tomar mejores decisiones.

Factores estresantes

A nivel fisiológico, los estresores más comunes son la deshidratación, los requerimientos del metabolismo para la producción de energía (relacionados con las estrategias nutricionales), la inflamación y el estrés oxidativo, el daño muscular y de tejidos, el dolor muscular o el impacto en la temperatura corporal. En el plano mental encontramos estresores como la propia fatiga central o estrés mental, la ansiedad o la carga cognitiva y de memoria. Y en el ámbito del bienestar, la afectación sobre el sistema inmunitario o el estilo de vida, los viajes, las redes sociales, el entorno cercano o la conciliación familiar, por nombrar algunos ejemplos. Por lo tanto, para lograr un estado óptimo de recuperación es conveniente comprender los mecanismos específicos de fatiga y cómo las diferentes modalidades de recuperación pueden influir en nuestra homeostasis.

Actualmente el mercado ofrece multitud de opciones para regenerarse, y a medida que avance el conocimiento y la tecnología también lo harán las herramientas para ello. No obstante, de todas las estrategias que podamos encontrar o poner en práctica, hay algunas que conforman la base y los pilares para el rendimiento: 1) el sueño (junto con el tiempo de desconexión, la recuperación mental y la relajación), 2) la alimentación (junto con la hidratación y la suplementación) y 3) la relajación mental y emocional. A partir de ahí, podemos utilizar otras estrategias para maximizar u optimizar ciertos procesos, como nuestro estado de ánimo, nuestra energía, nuestra atención mental o incluso nuestro metabolismo.

15

El sueño

El número de publicaciones científicas sobre sueño y rendimiento ha crecido exponencialmente, con alrededor de cuarenta mil publicaciones indexadas desde el año 2000 hasta la fecha de escribir estas líneas. De esas publicaciones, más de veintiuna mil (¡más de la mitad!) son de los últimos cuatro años. Pero no solo ha sido exponencial el aumento de los artículos en revistas indexadas; también los libros, pódcast y gurús del sueño que han emergido en los últimos años. Y es que existe una mayor conciencia basada en una mayor información de calidad sobre la importancia del sueño y cómo nos afecta su privación.

DUERME

El sueño es uno de los aspectos de la recuperación que más me fascinan y al que más tiempo y estudio he dedicado (junto con la hidroterapia, que veremos más adelante). Los expertos en sueño coinciden en que hoy aún se desconoce realmente por qué dormimos, o por qué tenemos que dormir. Sin embargo, todos convienen en su importancia. Nuestro organismo es un sistema que se basa en la eficiencia, como ya hemos visto. Si dormir no fuera necesario para él, ya habría encontrado la manera de evitarlo y habría evolucionado para no tener que depender de esta función. Pero la realidad es que no podemos vivir sin dormir; la privación de sueño está asociada a muchísimas enfermedades modernas (diabetes, cáncer, alzhéimer, estrés, obesidad, infertilidad o afecciones infecciosas, por nombrar algunas). Citando al doctor Thomas Roth desde el libro *Por qué dormimos*, del doctor Matthew Walker: «El número de personas que pueden sobrevivir con cinco horas de sueño o menos sin ninguna discapacidad (entendida como una afectación), expresado como porcentaje de la población, y redondeado a un número entero, es cero». Así de importante es el sueño para nosotros.

La investigación sobre el sueño nos muestra que mientras dormimos se favorece la recuperación y se restaura el organismo; se previene el riesgo crónico de enfermedades para la salud; se llevan a cabo procesos de reparación muscular, restauración de tejidos y prevención de lesiones; se mejoran la función cognitiva, la plasticidad cerebral, la memoria y el aprendizaje, y se regulan procesos metabólicos (incluyendo la regulación del metabolismo, el apetito o procesos involucrados en la composición corporal), inflamatorios o de conservación de la energía. Además, la falta de sueño afecta al estado de ánimo. Más recientemente se ha reportado que, cuanto más corto es el sueño (cuanto menos duermes), más corta es la esperanza de vida. También se está estudiando cómo la calidad y la duración del sueño pueden contribuir a la composición de una microbiota intestinal saludable, o cómo la privación de sueño favorece el sobrecrecimiento de ciertas bacterias específicas que inducen a la fatiga. Podemos vivir con una pobre calidad o cantidad de sueño, pero sin duda es perjudicial para el organismo y para varias de sus funciones.

Breve fisiología del sueño

La fisiología del sueño lo describe como un proceso que consta de dos fases fundamentales: una de sueño profundo o REM (siglas de *rapid eye movement*, en inglés) y otra de sueño ligero (*non-REM sleep*), esta última dividida a su vez en tres etapas (N1 a N3). Cada fase y etapa del sueño incluye variaciones en el tono muscular, patrones de ondas cerebrales y movimientos oculares. El cuerpo pasa por todos estos periodos aproximadamente de cuatro a seis veces cada noche, con un promedio de noventa minutos por ciclo. Alrededor del 75 por ciento del tiempo, el sueño es ligero (N1-M3), y el 25 por ciento, profundo (REM). Cada una de estas fases tiene su importancia, y conocer patrones de nuestro sueño puede ayudarnos a ser conscientes de este y a descubrir por qué nos levantamos regenerados y con energía, o no.

¿Cómo funciona el mecanismo de iniciación del sueño?

De forma simple y desde una perspectiva fisiológica, los neurotransmisores GABA son los iniciadores primarios del sistema nervioso central para activar los receptores $GABA_A$ que favorecen el sueño. A su vez, la adenosina inhibe las neuronas que promueven el estado de vigilia, y se segrega melatonina, la hormona que acciona una serie de mecanismos para comunicar al organismo que se acerca la hora de ir a dormir (regula el momento de ir a dormir, no la generación de sueño en sí). Desde la perspectiva del ritmo circadiano, este controla la liberación nocturna de hormona adrenocorticotrópica, la prolactina, la melatonina y la norepinefrina. Y, finalmente, se produce una reducción de la temperatura corporal alrededor de la hora de ir a dormir.

¿Cómo funciona la vigilia (estar despiertos)?

Neuroquímicos como la acetilcolina, la dopamina, la norepinefrina, la serotonina, la histamina y el péptido hipocretina son los encargados de mantener el estado de vigilia.

Pasar del estado de vigilia (estar despiertos) al sueño es, en cierto modo, como una coreografía en la que varios mecanismos se coordinan, desde el sistema endocrino hasta el ritmo circadiano individual. La rutina del sueño es igual de importante al despertarnos que a la hora de ir a dormir. De hecho, el ciclo del sueño empieza por la mañana. Supongamos que nos encontramos en una zona geográfica y en un momento del año donde el amanecer ocurre alrededor de las 7.00, y el atardecer, sobre las 19.00. La exposición a la luz solar en estas franjas horarias regula los ritmos circadianos.

A la hora en la que empieza a salir el sol (mayor exposición a la luz azul) cesa la secreción de melatonina, y unas horas después se incrementa la secreción del cortisol. El organismo secreta cortisol para poder estar alerta; se trata de un mecanismo de activación, necesario para producir energía. Una vez que empieza a oscurecer (mayor exposición a luces cálidas y posterior oscuridad) comienza la síntesis y la secreción de melatonina. En este punto es importante también la hora de la última ingesta, puesto que determinará, junto con la exposición a la luz, el momento en que empiece a cesar el movimiento intestinal, que también influirá en el sueño.

Tras unas primeras fases de descenso de temperatura corporal y del inicio del sueño ligero, se produce una alternancia de fases de sueño ligero y profundo (ciclos de entre noventa y ciento diez minutos). Durante el sueño se liberan hormonas anabólicas como la testosterona y la hormona de crecimiento. En algún punto de la madrugada se alcanza la mínima temperatura corporal, y a continuación empieza a aumentar la presión sanguínea y se cierra el círculo con el cese de secreción de melatonina, que coincide aproximadamente con la salida del sol.

EL RITUAL DEL SUEÑO

Como ya hemos visto, la rutina para regular el sueño se inicia con la salida del sol, básicamente porque es el momento de activar los mecanismos que participan en el ritmo circadiano. Los expertos recomiendan que al levantarnos nos expongamos a la luz solar, si es posible de forma directa. En lugares cuya geografía lo impide, o en rutinas en las que el despertar se produce antes de la salida del sol, se recomienda exponerse a la luz artificial, que, aunque no es lo mismo, activa mecanismos en la retina y la visión para alertar al organismo.

Las causas potenciales para un sueño pobre (escaso o de mala calidad) se relacionan con la falta de rutinas, las condiciones del entorno, el uso de pantallas con luz azul, el consumo de estimulantes, y aspectos como el trabajo, el estrés, calendarios exigentes, viajes, dormir en entornos extraños, *jet lag*, problemas en las relaciones sociales o similares. Ya hemos visto que lo importante es ser conscientes de su relevancia y tener la capacidad de compromiso y la disciplina de llevar a cabo, de forma repetida el mayor número de veces posible, un ritual de sueño que funcione para cada uno y contribuya a una regeneración efectiva. Es básico encontrar una rutina que ayude a desconectar progresivamente, que se pueda repetir de forma consistente y que funcione. Si alguna vez te has interesado por el sueño, puede que muchas de las cuestiones que se presentan a continuación te resulten familiares.

Consejos para una buena salud del sueño

1. **Ajusta tu horario a las horas de luz.** Idealmente se deben respetar las horas de sueño (se debe mantener un horario regular para despertar e ir a dormir), intentando que coincidan con la salida del sol y el anochecer. Si no es posible ajustar las horas de sueño a la luz solar, se recomienda utilizar estrategias de exposición a la luz artificial durante las primeras horas del día, o a la oscuridad las horas previas al momento de ir a dormir. Es decir, si puedes, al despertarte sal al sol, exponte a la luz solar directa o a través de la ventana, o enciende luces. A medida que se acerque el anochecer, reduce la exposición a luces estimulantes, utiliza luces cálidas, y envuélvete en un ambiente tenue y de relajación con menor exposición lumínica.
2. **Ayuda a disminuir tu temperatura corporal.** Otro aspecto clave para la iniciación del sueño es la disminución de la temperatura corporal entre uno y dos grados (ocurre alrededor de dos horas antes del comienzo del sueño). Para ello puedes incluir en tu ritual estrategias de exposición al calor mediante inmersión en agua caliente (baño, jacuzzi), una ducha de agua caliente o unos minutos en una sauna. Exponerse al calor activa el mecanismo de enfriado del

cuerpo, ya que este, al interpretar que está subiendo la temperatura exterior, empieza a regular la temperatura interna, favoreciendo el enfriado. Además, se incrementa la vasodilatación, lo que promueve el riego sanguíneo. Aumentar la temperatura corporal también estimula la segregación de la hormona de crecimiento y la reducción del estrés (mediante la disminución de la segregación del cortisol y la liberación de ciertas endorfinas), lo que también favorecerá la conciliación del sueño y la función reparadora de los tejidos que se produce durante este.

Aunque no sería lo ideal para el descenso de la temperatura corporal necesario para conciliar el sueño, en algunas situaciones también podría realizarse una exposición deliberada al frío. En este caso, el frío provocaría una vasoconstricción, un efecto analgésico y antiinflamatorio. Idealmente, deja espacio entre la exposición deliberada al frío y la hora de irte a la cama, o incluso incorpora una exposición al calor antes de ir a dormir.

3. **Evita el ejercicio a última hora del día.** Por el contrario, el ejercicio eleva la temperatura corporal, de modo que realizar ejercicio cerca de la hora de ir a dormir incrementará la temperatura, y esto puede retrasar el inicio del sueño. Además, el ejercicio de alta intensidad aumenta la producción de cortisol, lo que retrasará también el inicio del sueño. Este es uno de los motivos por los cuales a algunos deportistas les cuesta conciliar el sueño después de un acontecimiento deportivo nocturno (además del incremento de otras hormonas estresantes y activadoras, como la activación cognitiva, pasando por el uso de estimulantes como la cafeína

antes del evento, entre otros factores). Según tus objetivos físicos, tu cronotipo y tu estado metabólico, habrá momentos más óptimos para realizar ejercicio de fuerza o de resistencia, pero, en relación con el sueño, lo ideal sería no practicar ejercicio cerca de la hora de dormir.

4. **Evita distracciones y estímulos estresantes antes de ir a dormir.** A pesar del aumento de la conciencia sobre la importancia del sueño, muchos deportistas, y puede que a ti también te pase, inician comportamientos que impiden el sueño justo antes de ir a dormir, como interactuar con las redes sociales, jugar a videojuegos o utilizar plataformas de consumo de películas y series. Revisa si tienes algunos de estos comportamientos e intenta evitarlos o cambiarlos por hábitos y rutinas que favorezcan la conciliación del sueño.

   Suele recomendarse no utilizar dispositivos electrónicos antes de dormir, sobre todo para evitar la exposición a la luz azul que emiten (aunque dependerá más de la cantidad de lux —unidad de medida de la luz— que emitan). Pero también parece ser una buena práctica no tener dispositivos electrónicos en la habitación, como el móvil, televisores, lamparitas de noche enchufadas y similares. Como curiosidad, es llamativo que uno de los dispositivos que parece haberse popularizado más entre algunos equipos deportivos estadounidenses consista en un cubrecolchón (o colchón) que necesita de una torre para la regulación de la temperatura, lo que supone ¡un gran dispositivo eléctrico junto a la cama! Además de llevar incorporados sensores para la detección de fases del sueño, un dispositivo (eléctrico) para generar vibraciones y conexión wifi y *bluetooth*, para mí es un ejemplo más de una tecnología cuestionable para el sueño, puesto que expone al usuario a campos electromagnéticos (aunque realmente no conocemos bien su influencia).

5. **Incluye estímulos relajantes en tu rutina de sueño.** En el plano cognitivo, cambiar el enfoque de la mente a fin de prepararse para el sueño es primordial; tener un momento de lectura antes de acostarse o escuchar un pódcast relajante, música o sonidos que favorezcan ese cambio de enfoque mental son técnicas recomendadas para incluir en la rutina de sueño. Algunos expertos recomiendan llevar un «diario de preocupaciones», una especie de cuaderno de catarsis que nos ayude a liberar conflictos conscientes. Puedes escribir las preocupaciones que tengas, cerrando capítulos emocionales del día; se recomienda no hacerlo justo antes de ir a dormir, sino más bien una o dos horas antes, para no tener presentes esos pensamientos al meterse en la cama. El sueño restaura también la capacidad de aprendizaje y contribuye a la fijación de la memoria, tanto antes (el sueño del día previo) como después (el sueño de la noche de la actividad de aprendizaje). Repasar las actividades o experiencias de aprendizaje del día antes de ir a dormir es una buena tarea para fijarlas. Otros rituales como la meditación o técnicas de mindfulness o de respiración también parecen estar dando resultados muy favorecedores en la activación de mecanismos de relajación físicos y mentales (aunque hay que atender a la sobreestimulación de ciertas frecuencias del cerebro justo antes de ir a dormir). Los ejercicios de respiración para la disminución de la frecuencia

cardiaca, que se produce naturalmente durante el sueño, también facilitan conciliarlo.

6. **Cuida tu alimentación.** Lo que comemos y el momento en que lo comemos, así como la cantidad y el tipo de alimentos, es crítico para el metabolismo y la salud, pero también afecta a nuestro sueño. Elabora un plan de crononutrición, con una ingesta de macronutrientes ajustada a tu estrategia metabólica y considerando el momento de la ingesta (ambos muy importantes). Sabemos que una misma comida afecta de forma distinta en función de la hora, a causa de los diferentes niveles de glucosa en sangre durante el día. Se recomienda no ir a dormir con hambre, pero sí habiendo dejado el tiempo suficiente para el vaciado gástrico (relacionado con la secreción de melatonina, los bajos niveles de glucosa e insulina en sangre, y la segregación de la hormona de crecimiento, entre otros). También puedes incorporar algún ritual como tomar una infusión o zumo concentrado de cereza, pues se ha demostrado que favorece la segregación de melatonina. En resumen, aplica estrategias que desde la nutrición ayuden a estimular mecanismos de relajación y favorezcan la predisposición del sistema nervioso parasimpático a desconectar los sistemas de alerta. Por el contrario, puesto que los estimulantes nos afectan de forma diferente, ser conscientes de cómo nos influye, por ejemplo, el café puede ayudar a determinar a qué hora deberíamos tomar el último, con el fin de que no condicione nuestro sueño.

Fuentes de emisión electromagnética

Podría aventurarme a decir que la comunidad científica lleva ya un tiempo analizando el impacto de la luz en el ritmo circadiano, la segregación de melatonina, el sueño y los posibles efectos negativos de una desregulación frente a la exposición a la luz artificial. Ahora bien, todavía son muy escasos los estudios del impacto potencial de los campos electromagnéticos de frecuencia superbaja y extremadamente baja en el sueño. En culturas occidentales como la nuestra, estamos cada vez más expuestos a fuentes de emisión electromagnética (EM) de campos de frecuencia baja o extremadamente baja, presentes en líneas eléctricas, aparatos eléctricos y los campos de radiofrecuencia emitidos por los dispositivos de telecomunicaciones. Parece que los resultados sobre el efecto de los campos EM sobre la supresión de melatonina o la arquitectura del sueño son poco generalizables, por la aparente variabilidad de las condiciones de exposición a dichos campos. Sin embargo, sí se ha visto que la exposición a los campos EM de radiofrecuencias pulsantes, como los emitidos por los teléfonos móviles, pueden alterar la fisiología del cerebro, aumentando la potencia del electroencefalograma en bandas selectivas cuando se administran inmediatamente antes del sueño o durante este.

7. **Convierte tu dormitorio en un refugio.** Intenta que tu habitación invite a la relajación, a la desconexión y al descanso. Invertir en un colchón, almohadas y sábanas de materiales lo más naturales posible, en habitaciones o entornos de sueño minimalistas, con gamas cromáticas que inciten a la relajación, con iluminación indirecta y el menor número de campos electromagnéticos, sin aparatos eléctricos, lo más limpias posible (controlando la calidad del aire y de las partículas

del polvo para una óptima respiración), ventiladas, oscuras durante la noche y soleadas durante el día, es una práctica recomendable para generar tu entorno ideal de sueño.

¿Siesta sí o siesta no?

Así se titula una de las revisiones sistemáticas más recientes sobre las siestas y su posible impacto en diferentes medidas de rendimiento en atletas.* Las conclusiones de este estudio muestran que dormir la siesta influye positivamente en aspectos como el estado de ánimo, la función cognitiva, la memoria, el rendimiento y las habilidades de atención, productividad y creatividad, y reduce la somnolencia. Recomienda dormir la siesta cuando se necesite recuperar tiempo de sueño, en periodos de entre veinte y noventa minutos, y alejados de la hora de ir a dormir.

¿Qué inconvenientes puede tener la siesta? La controversia se asocia a la posibilidad de que altere la calidad del sueño por la noche, y en especial de que perturbe la conciliación del sueño. Como hemos visto, durante el sueño nocturno evacuamos adenosina, que durante el día se acumula para ejercer la presión de ir a dormir por la noche. Al dormir la siesta se pierde parte de esta capacidad, lo que en algunas personas empeora aún más el sueño. Es decir, ¿es beneficioso dormir la siesta? Sí, pero siempre y cuando no repercuta en la conciliación del sueño nocturno. Debes aprender a conocerte, saber cómo respondes a la siesta y limitar, si es

* M. Lastella *et al.*, «To Nap or Not to Nap? A Systematic Review Evaluating Napping Behavior in Athletes and the Impact on Various Measures of Athletic Performance», 2021.

necesario, su duración. Los expertos recomiendan, sobre todo, no pensar en ella como sustitutivo de una noche adecuada de sueño. Como dice el doctor Walker: «Ni las siestas ni el café pueden salvar funciones más complejas del cerebro, incluyendo el aprendizaje, la memoria, la estabilidad emocional, el razonamiento complejo o la toma de decisiones».

¿Y qué hacer si tienes una mala noche de sueño de forma puntual?

Si no se trata de una patología como el insomnio prolongado, puedes tener una mala noche de sueño de forma esporádica. El doctor Matthew Walker recomienda, en este caso, ¡no hacer nada! Intenta no tomar más café para compensar la falta de energía, no duermas la siesta (ya que puede perjudicar la conciliación del sueño por la noche, sobre todo si no forma parte de tu rutina habitual), no te despiertes más tarde, no te acuestes más temprano... Trata, en la medida de lo posible, de mantener tu rutina habitual. Aunque el doctor Walker también sugiere que no nos sintamos culpables por dormir si lo necesitamos.

¿Y qué hacer si te cuesta conciliar el sueño?

Si es algo esporádico, a ser posible no recurras a la suplementación para dormir. Lo primero que recomiendo a mis deportistas es revisar todo lo descrito hasta ahora, encontrar el ritual que les funcione e intentar no suplementar. Y, en segundo lugar, regular la ingesta de estimulantes como la cafeína, supresora de la adenosina, y sobre todo controlar los tempos a partir de los cuales les afecta la cafeína para saber cuándo deberían tomar el último café del día. Si bien es cierto que algunos deportistas necesitan estimulantes como la cafeína para maximizar su rendimiento antes de las competiciones deportivas y durante estas, tiene efectos en la conciliación del sueño posterior. Sin embargo, para ellos rendir en ese momento es vital. Para ti puede ser diferente. Valora si realmente necesitas ese estimulante para mantenerte alerta, enfocado y activo a partir de ciertas horas del día, si es un círculo vicioso de falta de horas y de calidad de sueño nocturno, o si puedes atacarlo revisando tu ritual de sueño.

Por otro lado, el alcohol, utilizado a veces para «ayudar» a dormir, en realidad genera un efecto sedante, pero no solo no ayuda al sueño como tal, sino que, además, la ingesta de alcohol previa al sueño se asocia a niveles menores de eficiencia (es decir, a menor calidad del sueño).

SUEÑO Y SUPLEMENTOS

La melatonina es una hormona segregada y sintetizada, principalmente, por la glándula pineal, pero pueden producirla muchos otros tejidos. Regula diferentes procesos fisiológicos, incluidos los ritmos circadianos y estacionales, pero también la energía y el metabolismo de la glucosa, y es un potente antioxidante (con efectos positivos frente al estrés oxidativo y la protección molecular de las células), con acción antiinflamatoria e influencia en el sistema inmunitario.

Hemos visto que la melatonina es la hormona que alerta al cuerpo de que se acerca la hora de dormir, pero no actúa sobre el sueño como tal. A pesar de participar en los procesos mencionados, por lo que sabemos, la melatonina exógena administrada como suplemento (pastilla, caramelo, gominola, etc.) a adultos sanos, de edad no avanzada, no ayuda especialmente a mejorar el sueño y, de forma generalizada, contribuye de manera poco significativa a incrementar el tiempo de sueño. Si bien es cierto, la melatonina se utiliza en ocasiones en viajes que suponen más de dos horas de cambio horario para estimular esa sensación de necesidad de ir a dormir, ajustada a la nueva zona horaria.

Otros suplementos como el magnesio (bisglicinato o treonato), popularizado en algunos entornos, no presentan resultados generalizables en su efecto positivo sobre el sueño (al menos en personas que no tienen deficiencia de este mineral). Por el contrario, algunas frutas o concentrados de fruta, como el zumo de cereza (agria) o el kiwi, están dando resultados positivos en relación con la estimulación de la segregación de melatonina.

Por otro lado, los estudios sobre sustancias supresoras del sistema nervioso (mediante la liberación de neurotransmisores inhibidores GABA), como las benzodiazepinas, muestran resultados eficientes para reajustar patrones de sueño, pero también posibles efectos secundarios, y crean adicción, además de pérdida de memoria y depresión tras un uso prolongado. A causa de esto, se reemplazaron por drogas Z, utilizadas en tratamientos como el insomnio. Sin embargo, presentan efectos adversos y las mismas consecuencias a largo plazo.

Más recientemente, algunos componentes del cánnabis, como el CBD y el THC, están captando la atención en ciertos sectores de la comunidad científica, pero, aunque parece ser que tienen efectos sobre la adenosina, no hay resultados concluyentes sobre su efecto en el sueño. Otros suplementos como la glutamina, el L-triptófano, glicinato de magnesio, GABA, o adaptógenos como la *ashwagandha* o la *Rhodiola rosea* también se utilizan para la relajación y la conciliación del sueño. Por lo que se refiere a suplementos, lo más recomendable es dirigirse a un médico o especialista actualizado y riguroso.

LA MONITORIZACIÓN DEL SUEÑO

La creciente comprensión de la importancia del sueño ha provocado que emerjan herramientas para monitorizarlo, tanto en el ámbito clínico como en el popular. Podríamos dividir la tecnología disponible para medir el sueño en varias categorías: la polisomnografía (PSG; *gold standard*); los monitores portátiles de grado de investigación, validados contra PSG y que utilizan algoritmos para detectar fases del sueño y la vigilia; los monitores *wearables* (como relojes de pulsera o anillos), y las aplicaciones para teléfonos inteligentes.

La tecnología *gold standard* para monitorizar el sueño es la polisomnografía (PSG)

La polisomnografía (PSG) se considera el estándar de oro de la monitorización del sueño, es decir, la herramienta de calidad superior que sirve como punto de referencia y con la que pueden compararse otras de su tipo. La PSG permite la detección de etapas del sueño (esto es, movimiento ocular rápido y movimiento ocular no rápido), mientras que otros instrumentos utilizan algoritmos y extrapolaciones para detectar estas fases. Dado que la PSG suele implicar que la persona asista a un laboratorio del sueño (ambiente no habitual de sueño, con varios electrodos conectados al paciente para medir la actividad cerebral, la actividad muscular, la frecuencia respiratoria, etc.), requiere experiencia para la configuración y la puntuación manual. Su utilización puede ser costosa, por lo que, en general, solo se emplea cuando se sospecha de un trastorno médico del sueño o con fines de investigación.

Dejando a un lado el estudio del sueño mediante polisomnografía (en laboratorio) y dispositivos de grado de investigación (que requieren expertos para analizar los datos), los dispositivos de monitorización del sueño de consumo popular pueden tener ciertas ventajas, pero es conveniente saber que, aunque cada día se mejoran más los algoritmos que calculan diferentes fases del sueño, aún presentan ciertas limitaciones. Los dispositivos más populares en la actualidad pueden suponer una gran herramienta educativa, estimular la discusión sobre el sueño o incluso proporcionar cierta información que, interpretada por un especialista, ayude a cambiar comportamientos. Sin embargo, estos dispositivos tienden a sobreestimar o subestimar el tiempo total de sueño y de sus fases, o las variables cualitativas. A pesar de que algunos puedan estar validados contra la PSG y también se basen en algoritmos, muchos no se han validado de forma independiente (estudios científicos independientes de la compañía tecnológica), o sus algoritmos se basan en la información de la población que utiliza ese *wearable*, sin discriminar aspectos como el sexo, la edad, posibles patologías (incluidas las del sueño) y otras variables que pueden repercutir en esos algoritmos, además de la propia tecnología (precisión o validación de las mediciones).

Uno de los beneficios de monitorizar objetivamente el sueño es que es más fácil cambiar comportamientos cuando tenemos acceso a nuestros propios datos y podemos analizar patrones de sueño o recibir recomendaciones individuales de un experto para mejorar nuestro sueño. Sin embargo, hasta la fecha no existen herramientas validadas de medición que también nos brinden retroalimentación sobre cómo mejorarlo, lo que genera la necesidad de autogestión de la información o de involucrar a especialistas y profesionales experimentados.

Shona Halson, una de las especialistas y divulgadoras más reconocidas en recuperación y sueño en el mundo del alto rendimiento, con la que tuve el privilegio de escribir un capítulo sobre la recuperación de los deportistas, presenta los dispositivos de monitorización del sueño como una herramienta puntual para la gestión de hábitos. En su opinión (que comparto), dada la relación entre el estrés, la ansiedad y el sueño, hay que ser cautelosos con cómo utilizamos estos dispositivos y cómo comunicamos los resultados negativos en un registro del sueño, ya que podemos perpetuar y reforzar un problema existente. Si vas a autosupervisarte el sueño, te recomendaría tener en cuenta que existen aspectos específicos de tu sueño que se pueden mejorar, y poner el foco en reconocer los medios para optimizarlos, en lugar de hacer un énfasis excesivo en los aspectos subóptimos de tus datos (por ejemplo, estresándote aún más por obtener valores negativos). Es decir, céntrate en mejorar desde una aproximación positiva, no desde los aspectos negativos.

Por eso resulta cuestionable la necesidad de monitorizar el sueño de forma continua (diariamente), en especial con dispositivos no validados o de baja fiabilidad. El principal problema de tener datos diarios es la posible fijación y obsesión con el sueño, que en lugar de servir para mejorarlo puede crear el efecto contrario: causar estrés y ansiedad. Ver que no has dormido lo suficiente, que tu eficiencia es baja y concluir que ese día no estarás a un nivel óptimo para rendir sería contraproducente.

16

Otras estrategias de recuperación

Probablemente una de las estrategias de recuperación más comunes, y no solo en el ámbito deportivo sino también en tratamientos para la relajación y el reequilibrio corporal y mental, es la manipulación de la termorregulación del cuerpo, con técnicas como la hidroterapia, la crioterapia, las saunas, la exposición a diferentes tipos de luz o el propio movimiento del cuerpo.

¿CÓMO REGULA EL CUERPO LA TEMPERATURA CORPORAL?

La temperatura corporal central se mantiene estable mediante ciertos mecanismos (termorregulación) que funcionan como un termostato interno. Al percibir desviaciones de los rangos seguros en la temperatura central, este termostato interno activa procesos para volver a la homeostasis (el estado de equilibrio). Para detectar los cambios en la temperatura, el cuerpo consta de dos mecanismos principales, el núcleo interno (que incluye el sistema nervioso central, la médula espinal, las vísceras y el cerebro) y lo que se conoce como un caparazón externo, que se refiere a la piel. Además, sabemos que ciertas superficies de la piel (glabras o sin vello), a pesar de constituir un porcentaje pequeño de la superficie corporal, poseen unas estructuras vasculares que facilitan especialmente la termorregulación. Estas superficies son las palmas de las manos, las plantas de los pies, las mejillas y las orejas. Si las expones al frío o al calor, conseguirás la termorregulación corporal de forma más rápida y eficiente que si enfrías o calientas la nuca, la parte superior de la cabeza o el torso. Estas partes del cuerpo, a pesar de su popularidad para este fin, son menos eficientes a la hora de reducir la temperatura corporal central, e incluso pueden aumentarla bajo ciertas condiciones. Sin embargo, en el contexto de la recuperación, probablemente lo interesante es utilizar cambios térmicos de forma global, exponiendo el cuerpo al completo al cambio de temperatura. En cualquier caso, cuando nos exponemos a temperaturas frías o calientes y aumentamos o descendemos la temperatura corporal (interna o externa), el cerebro y el cuerpo empiezan a trabajar para enfriarse o mantener el calor. Conocer los mecanismos de regulación de la temperatura corporal es la base para comprender cómo manipularla y escoger la estrategia térmica más beneficiosa en función del estresor del que necesites recuperarte.

LA EXPOSICIÓN DELIBERADA AL CALOR Y AL FRÍO

De entre las diferentes estrategias existentes de recuperación mediante la manipulación de la temperatura corporal, la hidroterapia quizá sea la que más atención ha recibido por parte de la comunidad científica y, por ello, contamos con buenos fundamentos sobre qué beneficios producen diferentes protocolos que han dado mejores resultados. Al entrar en el agua, el cuerpo humano se encuentra con un medio para el que no está diseñado, ya que para el *Homo sapiens* la locomoción en este entorno es de eficiencia limitada. Sin embargo, los efectos biológicos de la inmersión en agua, que se relacionan con los elementos fundamentales de principios de la hidrodinámica, pueden ser beneficiosos en determinados contextos, como la recuperación.

Gracias a la combinación de mi conocimiento del medio acuático (que viene por mi vinculación con la natación artística) y mi interés en la recuperación del deportista y en el agua como medio para ello, en el año 2014 copubliqué un artículo que revisaba los beneficios de la hidroterapia desde el punto de vista de sus propiedades físicas.* En este capítulo te presento el agua principalmente como medio termoconductor y compresor.

Breve explicación de la termodinámica del agua

Por su estructura molecular, el agua tiene una gran capacidad para retener el calor, para mantener una temperatura constante y para transferir energía térmica; es un buen conductor térmico (primera ley de la termodinámica o ley de conservación de la energía). El hecho de que sea un conductor térmico eficiente, combinado con su alto calor específico, significa que es un medio muy estable para retener el calor o el frío. Además, dado que la capacidad calorífica (es decir, la capacidad de almacenar calor) del cuerpo humano es menor que

* Lorena Torres-Ronda y Xavi Schelling del Alcázar, «The Properties of Water and their Applications for Training», 2014.

la del agua (0,83 kcal/kg °C *versus* 1,00 kcal/kg °C), será más rápido para el cuerpo humano llegar a un nuevo equilibrio térmico que para el agua. Esto significa que, cuando un individuo está sumergido en agua fría o caliente, será su cuerpo el que se adapte a la temperatura del agua, y no al revés.

Para aprovechar al máximo las capacidades térmicas del agua en favor de nuestro rendimiento, necesitamos saber qué mecanismos fisiológicos y mentales se activan o desactivan en función de su temperatura. En el contexto de la recuperación del organismo, las propiedades térmicas del agua se utilizan principalmente como forma de controlar la inflamación y minimizar la fatiga para promover la recuperación. Además, cuando te sumerges en este medio te sometes a presión hidrostática, que es la presión que ejerce el agua sobre el cuerpo. Este efecto compresor puede limitar la formación de edema reduciendo el alcance del daño muscular, así como ayudar a mantener tanto el suministro de oxígeno a los músculos como la función contráctil.

En el contexto de la regeneración, el estado mental también cambia cuando te sometes a una exposición deliberada al frío o al calor, por lo que esta también ejerce un efecto en el estado de ánimo. La inmersión en agua fría puede ser estresante en ese momento; muchos deportistas que se exponen deliberadamente al frío no lo hacen porque les encante la sensación, sino más bien porque se sienten bien después de hacerlo. Por eso aprenden a disfrutar de esa sensación estresante puntual. En el sistema endocrino, los aumentos de dopamina después de una exposición deliberada al frío son similares al tipo de aumento de dopamina que se da con sustancias como la nicotina u otros comportamientos adictivos. Es decir, la dopamina refuerza ese comportamiento.

Calor

En el caso de la terapia a través de agua caliente (inmersión en bañeras de agua caliente, jacuzzis, duchas de agua caliente...), los efectos se producen principalmente a nivel superficial (tejido subcutáneo y cutáneo menor a dos centímetros), y esta percepción del incremento de la temperatura en la superficie es la que provoca el inicio de los mecanismos del cuerpo y el cerebro para enfriar el cuerpo; nuestro termostato interno se pone en marcha. Los principales beneficios de la exposición deliberada al calor mediante baños o duchas de agua caliente incluyen un incremento del flujo sanguíneo, mayor elasticidad muscular y amplitud del movimiento, así como un efecto analgésico y reducción de espasmos musculares. También se relaciona con la activación del sistema nervioso parasimpático, el que nos «desactiva» y nos ayuda a relajarnos. Esto, combinado con su efecto termorregulador, puede utilizarse en nuestro beneficio para contribuir a la disminución de la temperatura corporal previa al sueño.

El protocolo recomendado consiste en realizar exposiciones de quince a treinta minutos, en agua que esté a una temperatura de entre 30 °C y 40 °C.

Otras formas de exposición deliberada al calor serían las saunas secas, de vapor o de infrarrojos, o las salas de aumento de calor. Los principales beneficios de la sauna se asocian al incremento del volumen plasmático, la eficiencia cardiovascular, el aumento del tiempo hasta el agotamiento, la mejora de las funciones del sistema inmunitario y la mejora del perfil lipídico. Además, también tiene efectos positivos sobre el estado de ánimo y la salud mental.

El protocolo habitual en la literatura científica propone realizar exposiciones de unos veinte minutos (de quince a treinta minutos) postejercicio, en un entorno de entre 70 °C y 90 °C, y de entre el 10 y 20 por ciento de humedad. Se recomienda realizar una exposición al menos dos días a la semana, de una semana a tres semanas seguidas, para percibir sus beneficios.

Si realizas saunas, es importante que controles tu nivel de hidratación; por ejemplo, pesándote antes y después. Asegúrate de que te rehidratas al finalizar, puesto que al sudar habrás perdido líquidos. Es importante que te asegures también de que no tienes alguna condición médica que te impide realizar exposiciones deliberadas al calor. Debes evitarlas si padeces lesiones agudas, edema, enfermedades vasculares o infecciones, casos en los que estarían contraindicadas.

Frío

La exposición deliberada al frío mediante la inmersión en agua fría es una de las estrategias más utilizadas y una de las más valoradas para recuperarse. Los beneficios contrastados de la inmersión en agua fría incluyen aspectos como la mejora de la percepción de la recuperación general; la mejora en la actividad cardiaca parasimpática; la reducción del daño y el dolor muscular local, por su efecto analgésico (disminución del dolor percibido gracias a velocidades de conducción nerviosa más lentas y excitabilidad y transmisión neural reducidas); el aumento del transporte de sustratos y gasto cardiaco, así como una reducción en resistencia periférica del volumen de líquido extracelular (por vía intracelular y a través de gradientes osmóticos intravasculares) y un incremento en la percepción de la relajación posterior a la inmersión.

El protocolo puede variar considerablemente dependiendo de la sensibilidad de la persona al frío. Puede que encuentres opciones diferentes, pero, como guía general, el tiempo de exposición dependerá de tu tolerancia a la temperatura. En un agua a una temperatura de entre 10 °C y 15 °C puede que soportes más tiempo de exposición y que llegues, idealmente, a los diez o quince minutos. Si bien es cierto que en ocasiones se recomienda sumergirse en agua a menor temperatura, los estudios ya muestran beneficios muy positivos en este rango. Si disminuye la temperatura respecto a esta referencia, pueden hacerse intervalos de uno a cinco minutos, para un total de quince minutos.

Contrastes

La terapia de baños de contraste, la alternancia de agua fría y tibia o caliente, se ofrece en la actualidad como una alternativa igual de efectiva que la crioterapia. Se sugiere que esta técnica da como resultado una reducción de la inflamación y estimula la circulación al alternar la vasoconstricción periférica y la vasodilatación (esta última no solo estimula la eliminación de productos de desecho, sino que mejora la llegada de glucosa a los tejidos y, por lo tanto, favorece la recuperación desde el punto de vista energético, mejora la función metabólica y es beneficiosa para la prevención de enfermedades cardiovasculares). También se cree que reduce el espasmo muscular, alivia y retrasa la aparición del dolor muscular y mejora el rango de movimiento.

El protocolo consistiría en alternar inmersiones en agua caliente (entre 38 °C y 40 °C) y agua fría (entre 10 °C y 15 °C, o una temperatura menor, dependiendo de la tolerancia), con un ratio de 1:1, es decir, un minuto en agua caliente y un minuto en agua fría, por ejemplo, o dos minutos en agua caliente y dos minutos en agua fría, para un total de quince minutos. Lo ideal es acabar con agua fría.

OTRAS ESTRATEGIAS

A continuación te presento de forma resumida algunas estrategias de recuperación tradicionales y otras más novedosas, por si a partir de aquí te interesa profundizar en alguna de ellas.

- Realiza estiramientos (activos o pasivos) y rutinas de movilidad. Estas estrategias sirven para relajar la musculatura y mejorar el rango de movimiento, así como para reducir el dolor muscular y la rigidez. En general, se recomiendan los estiramientos estáticos para los principales grupos musculares utilizados durante el ejercicio, y hay que mantenerlos entre quince y treinta segundos. Para realizar estiramientos dinámicos y de movilidad articular se pueden encontrar diferentes técnicas, por lo que te recomiendo indagar más según tus necesidades.
- Recupera con ejercicios de bajo impacto. Las actividades cardiovasculares de bajo impacto —como trotar, caminar o hacer bicicleta—, realizadas en intervalos de cinco a quince minutos, también son populares como medio de

recuperación. Los principales beneficios se asocian a mantener un flujo sanguíneo elevado, lo que se cree que mejora la eliminación de productos de desecho.

- Date un masaje. Una de las estrategias reina de la recuperación, por ser una de las más utilizadas, es el masaje. Por lo general, lo realiza un terapeuta capacitado en alguna modalidad (o varias) de masaje o manipulación de los tejidos. Los beneficios principales se asocian al aumento del flujo sanguíneo, la disminución de la tensión muscular y de la excitabilidad muscular, y la mejora en la percepción del bienestar general. El automasaje con rodillo (o *roller*) ha mostrado beneficios respaldados por datos sólidos en varias investigaciones. Este disminuye la percepción del dolor muscular y aumenta el rango de movimiento.

Estrategias de recuperación basadas en tecnologías emergentes:

- La compresión neumática (o presoterapia) es una tecnología emergente y, como tal, se ha realizado una investigación mínima para examinar su eficacia o los protocolos más adecuados o efectivos para usarla. Sus beneficios se atribuyen a una mejora de la circulación para favorecer la eliminación de productos de desecho metabólicos. Se trata de una estrategia cada vez más popular, ya que parece mejorar la percepción subjetiva de fatiga y dolor muscular.
- Los masajes con pistolas de percusión (y otros dispositivos de percusión y vibración, como rodillos o bolas de masaje) es una estrategia prometedora dentro del escenario de la recuperación. Sin embargo, al igual que con muchas

tecnologías emergentes, los datos de los que disponemos hasta la fecha solo sugieren beneficios positivos a nivel perceptivo, aunque se aboga por que favorecen el aumento de la circulación y del rango articular, así como la disminución de la rigidez y tensión muscular. Se necesita más investigación para examinar los efectos fisiológicos y de rendimiento. Las recomendaciones de uso no están estandarizadas, y generalmente se basan en la preferencia de la persona o en las pautas del fabricante si están disponibles (o en ambas).

- Si no has oído hablar de la oxigenoterapia hiperbárica (manipulación de la concentración de oxígeno y la presión atmosférica), las cámaras de condensación de oxígeno o el oxígeno suplementario (manipulación solo de la concentración de oxígeno respirado), podría ser que empezaras a hacerlo. El tratamiento mediante oxigenoterapia hiperbárica se utiliza para enfermedades por descompresión, pero sus beneficios asociados a la curación, cicatrización, antiinflamación, reparación celular, depuración del organismo y oxigenación (potenciando así la capacidad natural del cuerpo de regenerarse) están promoviendo su uso como estrategia de recuperación entre los atletas y la población general.
- Otro método, quizá más exclusivo por el coste que implica, es la exposición al frío mediante la crioterapia de cuerpo completo (criocámaras) o parcial (criosaunas o criocabinas). Consiste en entrar en una cámara o habitación habilitada para ello y exponerse completamente al nitrógeno líquido frío (o cámaras eléctricas de aire frío). Es importante resaltar que cuando se entra en criocámaras o criocabinas se ha de estar supervisado en todo momento.

Beneficios de las cámaras de crioterapia

Los beneficios principales de estas cámaras de frío muestran una disminución de la hinchazón o edema, la inflamación, el dolor muscular, el cansancio y el estrés, y un efecto analgésico y de recuperación posterior al ejercicio. Sin embargo, su uso todavía presenta cierta controversia, sobre todo por el elevado coste económico que suponen y por presentar resultados contradictorios en los estudios científicos. Los datos disponibles en la actualidad son insuficientes para respaldar de forma definitiva el uso de la exposición al frío mediante crioterapia a la hora de prevenir y tratar el dolor muscular después del ejercicio, sea en adultos o atletas de élite.

Podemos encontrar otras estrategias que van emergiendo a medida que se amplía el conocimiento en la regeneración celular, los procesos de antienvejecimiento y antiinflamatorios, la regulación del sistema inmunitario, el estrés oxidativo o la gestión del estrés general. La terapia de fotobiomodulación (PBM), que utiliza luz infrarroja cercana (NIR), o la terapia de flotación o de estimulación ambiental reducida (*reduced environmental stimulation therapy* o REST, en inglés) son algunas de las estrategias (y tecnologías) cada vez más habituales en centros de rendimiento deportivo, así como en centros de salud, de bienestar, de longevidad y de recuperación para una mayor calidad de vida. En este punto querría recordarte varios detalles. Los protocolos de implementación (qué, cuándo, cómo, para qué) y las características tecnológicas importan, ya que aspectos como la potencia, las frecuencias, las ondas, el tiempo de exposición o la superficie de cobertura, entre otros muchos factores, influyen en la validez y la fiabilidad de los dispositivos y, por lo tanto, en los resultados de las terapias.

Para cerrar la sección, me gustaría recordarte que no solo es clave la estrategia que utilices (¡basada en los factores estresantes de los cuales te quieres recuperar!); el diseño del programa y la periodización de la recuperación, ajustados a tus objetivos y necesidades, serán también fundamentales.

17

Regeneración mental y emocional

Por lo que sabemos, el *Homo sapiens* ha estado siempre expuesto a factores estresantes a lo largo de la historia. No es que ahora estemos más estresados que aquellos que han sufrido guerras, con lo que ello conlleva. Vivimos en la era del estado del bienestar y del confort, la explosión tecnológica y digital, y la hiperconectividad. Y, aun así, se reporta la depresión (entre otros trastornos de salud mental) como un auténtico problema de salud pública mundial, y se prevé que se convierta en la primera causa de enfermedad en el ranking mundial para el año 2030. Ahora bien, los factores estresantes actuales son distintos a los de épocas anteriores. Por eso pongo énfasis en la importancia de reconocer el tipo de estresor que nos afecta, con el fin de abordarlo de la forma más eficiente posible.

EL ESTRÉS MENTAL Y EMOCIONAL

Sabemos que cuando estamos sometidos a estrés, físico o mental, se perturba la habilidad de mantener la homeostasis. La respuesta del cuerpo al estrés la lleva a cabo lo que se conoce como el eje hipotalámico-pituitario-adrenal (HPA), un ciclo de retroalimentación que incluye el cerebro (el hipotálamo y las glándulas pituitarias) y las glándulas suprarrenales. La activación de este eje da como resultado la producción de hormonas del estrés (cortisol y adrenalina). Cuando estamos mentalmente fatigados se incrementa el nivel de estrés, lo que, a su vez, incrementa la producción de cortisol, y se entra en un círculo vicioso de fatiga y estrés. Como sabemos, a niveles bajos y controlados, esto puede producir aumentos en el rendimiento cognitivo y físico, pero el estrés mantenido en el tiempo, o de forma crónica, tiene efectos negativos, como hemos visto.

A pesar de que es un factor limitante para el rendimiento, la mayoría de las estrategias de recuperación evaluadas y presentadas en la literatura científica, y las más populares, aplicadas a diario en el alto rendimiento, abordan los aspectos fisiológicos de la recuperación, pero no los psicológicos. No obstante, probablemente por los tipos de estresores a los que nos enfrentamos en la vida moderna, nuestra toma de conciencia y una mayor divulgación de la importancia de la regeneración mental y emocional, existe un interés creciente en los aspectos psicológicos, emocionales y sociales de la recuperación, y en las técnicas y recursos destinados a reducir o controlar el estrés, promover el bienestar y mejorar la relajación.

Personalmente, doy un enorme valor a mi recuperación mental y emocional. Por ponerte un ejemplo, al finalizar el Campeonato de Europa con la selección absoluta masculina de baloncesto acabé con una gran sensación de vacío interno. Había sido una experiencia intensa y exigente desde el punto de vista competitivo, y estaba preparada para ello, pero, en lo que se refiere a la parte personal, fue agotador emocionalmente. En el alto nivel competitivo, lo más complejo no es siempre la exigencia de la propia preparación o de la competición, sino que el entorno es un elemento igual de vital. Sabía que necesitaba regenerarme, recuperarme y recargarme, pero esta vez desde el punto de vista mental y emocional. Decidí tomarme una semana y me fui a Sri Lanka para hacer un retiro de ayurveda, en el que pasaría una semana siguiendo un plan personalizado de tratamientos de recuperación física, yoga y meditaciones diarias; un plan nutricional basado en las recomendaciones de una doctora ayurvédica, y en contacto con la naturaleza. Era la primera vez que hacía algo así y estaba totalmente fuera de mi zona de confort, pero sentía que era lo que necesitaba para cargar pilas a todos los niveles. Quizá te hayas sentido así alguna vez, presa de un agotamiento mental y emocional, más que físico. La recuperación y la regeneración mental y emocional son esenciales, y disponer de recursos, herramientas y personas en los que apoyarnos debería formar parte de nuestro plan de rendimiento. Para ello no es necesario ir a un retiro; veamos algunos ejemplos de herramientas ancestrales como estrategias ante factores estresantes actuales.

Mindfulness

Mindfulness es la palabra anglosajona que engloba el significado de prestar atención plena al momento presente, de forma consciente, desde la observación, sin crítica y de manera compasiva hacia uno mismo. Es la conciencia de la experiencia presente con aceptación.

En mi caso, descubrí el mindfulness en uno de los momentos más difíciles de mi vida. Los momentos de crisis son momentos para la oportunidad. Mi psicóloga me sugirió explorar el mindfulness; no simplemente la meditación, sino el ejercicio de estar presente, de forma plena y consciente, con una actitud observadora, de aceptación, sin juzgar. Me recomendó un libro para familiarizarme con esta disciplina, con una serie de ejercicios que evolucionaban en siete semanas para poner en práctica diferentes meditaciones. No sé cuántas veces he recomendado este libro a familiares, amigos y deportistas con los que he trabajado (lo tienes en las referencias). Empecé a practicar el mindfulness y a meditar diariamente, completando el plan de las siete semanas, y seguí algún tiempo más. Lo dejé una temporada (por falta de hábito y disciplina), pero hace mucho que lo he retomado como espacio (o ejercicio) dentro de mis rutinas, e intento practicarlo lo máximo posible en mi día a día. Mi relación con el mindfulness y la meditación se produce desde una aproximación basada en la experiencia personal más que en la búsqueda de la justificación científica. Aun así, cada día se dan a conocer más datos sobre su impacto positivo.

La terapia cognitiva basada en el mindfulness consiste básicamente en centrar toda la atención en la respiración, apreciar cómo surgen los pensamientos en la mente y, poco a poco, dejar de luchar contra ellos; ver cómo aparecen y pasan, a su propio ritmo, siendo consciente de que tú no eres tus pensamientos. El mindfulness, explicado por Williams y Penman, trata sobre la observación sin crítica, sobre ser compasivo con uno mismo. Estos investigadores apuntan a que, gracias al mindfulness, cuando la infelicidad o el estrés nos atraviesan, en lugar de tomárnoslo como algo personal, aprendemos a tratarlos como pensamientos y sentimientos que vienen y van, a observarlos con curiosidad, a ver cómo pasan y se alejan. Cuando trabajas la toma de conciencia, cuando eres consciente de tus pensamientos y tus emociones, tienes mayor capacidad de identificar tus intenciones y alinear tus acciones con ellas, lo que tiene relación con la toma de conciencia de tus valores y hábitos, como te comentaba en las secciones iniciales del libro.

En el mindfulness se trabaja constantemente la atención en el ahora. No se trata de pensar de manera diferente; se trata de vivir más en el momento presente, de ser capaz de apreciar las cosas, el olor, el sabor, el tacto, la apreciación visual, las emociones que emergen en este momento. Prestas atención a las personas y a las cosas desde otra perspectiva, aprovechando todos tus sentidos. Ahora bien, prestar atención al ahora, como estos autores exponen, no significa que estés aprisionado en el presente. Puedes recordar el pasado y planificar el futuro, pero se trata de ser consciente de que estás recordando o planificando para dejar de ser esclavo de los viajes mentales en el tiempo y dejar de pensar y actuar como si estos fueran tu realidad. La aceptación consciente tampoco significa resignarse ni no desear el cambio; al contrario, es una herramienta para tomar conciencia, ya que te aporta perspectiva.

En cuanto a la base científica, el número de investigaciones sobre mindfulness y el cerebro (revisiones sistemáticas y metaanálisis, que son los que vendrían a analizar el cuerpo de estudios sobre una materia) es escaso en comparación con otras áreas de conocimiento. Aun así, los estudios en psicología muestran que la práctica regular de la meditación reduce la ansiedad, la irritabilidad y la depresión. O, dicho de otra manera, los avances científicos están permitiendo observar cómo en las personas que meditan de forma regular se activan más zonas del cerebro (la ínsula y el córtex prefrontal) relacionadas con emociones positivas, como la felicidad, la empatía o la compasión. También se han observado resultados positivos en factores fisiológicos asociados al estrés crónico, como la hipertensión, el dolor crónico o la reducción de sustancias que generan dependencia (como las drogas y el alcohol), y en parámetros del sistema inmunológico. Además, hay investigaciones que avalan la mejora de la memoria, el tiempo de reacción y la energía física y mental.

Meditar es un método de entrenamiento mental. Al meditar se producen cambios en la estructura cerebral, primero mediante el crecimiento neuronal y, después, anatómico y funcional. Quizá se necesitará un poco más de tiempo y más estudios para seguir apoyando de forma objetiva y cuantificable los cambios producidos en el cerebro al practicar la meditación mindfulness. De momento, los beneficios positivos sobre el estado de ánimo, el control de pensamientos y emociones, y el bienestar general avalan su práctica.

Se recomienda meditar en un lugar tranquilo, sentado en el suelo, en una silla o tumbado, y con los ojos cerrados, pero no es necesario que sea un ritual asociado a la espiritualidad, con velas, incienso y música para meditar (aunque obviamente también puede serlo). Puedes tomar conciencia plena en cualquier momento y lugar, durante actividades diarias y cotidianas, desde el café de la mañana, una conversación o un paseo por la ciudad o por el bosque, hasta el propio momento de la meditación, pasando por un atasco de tráfico o una situación incómoda. Ahora bien, al iniciarte en la meditación sí que es recomendable buscar un sitio tranquilo, sin distracciones, ruidos ni posibles interrupciones, porque ya tenemos muchas distracciones con nuestros propios pensamientos, sensaciones e incomodidades (y frustraciones durante la propia práctica). En cuanto a cuál es el mejor momento del día para practicar el mindfulness, pues en realidad cualquier momento es bueno. Al meditar, cambiamos nuestras frecuencias, entre la activación y relajación; por ello, quizá las mejores ventanas del día para meditar, como ejercicio, sean por la mañana al despertarse o por la noche antes de acostarse. Lo importante es que crees el tiempo para ello, sin excusas, porque es tiempo para ti.

Respira

En mi caso, respiro de forma más o menos consciente cuando hago ejercicio físico porque sé que es importante. Sin embargo, la importancia de tomar conciencia de la respiración de cara a la recuperación la descubrí a raíz del mindfulness, por ser un ancla fundamental durante la meditación. Es el área de conocimiento que menos domino entre las que aquí presento, y escribir este libro ha sido una oportunidad para buscar información rigurosa y mejorar mi formación sobre ella.

Las prácticas de respiración controlada han surgido como herramientas potenciales para regular la salud física y mental, el estrés y el bienestar. Una parte de la literatura científica emergente se centra en el vínculo entre la respiración, la emoción y la cognición, la mejora del estado de ánimo y la ansiedad, así como la manipulación de la excitación fisiológica (frecuencia respiratoria, frecuencia cardiaca y variabilidad de la frecuencia cardiaca). Es decir, la ciencia busca dar respuestas a cómo afecta la respiración al comportamiento, y viceversa, y cómo influye en la atención, la memoria, el aprendizaje, la toma de decisiones, las emociones, la fisiología, la postura o el bienestar.

La respiración es un acto involuntario vital. No es consciente, pero puede serlo. Está regulada por el sistema nervioso, y diferentes tipos de respiración influyen en él. Podemos manipularla mediante su inicio (nasal —fosa nasal derecha, izquierda o ambas— o bucal), su frecuencia, intensidad o capacidad, y así activar el sistema simpático o parasimpático, elevar el estado de alerta y preparación, o conseguir el efecto contrario, pausarte, relajarte, ayudarte a dormir o cargarte de energía.

La manera en que respiras influye en tu estado de ánimo. Al realizar respiraciones cortas, rápidas, avivadas y superficiales se incrementa la frecuencia cardiaca, aumenta la presión sanguínea, descienden los niveles de CO_2, actúan la adrenalina y el cortisol, y se activan los mecanismos del sistema simpático, de modo que se pone en marcha el modo alerta y huida, pero aumenta también la sensación de fatiga, cansancio, tensión y falta de energía. En el contexto de la recuperación, cuanto más consciente, profunda y suavemente inspiramos, y más tiempo exhalamos, respirando idealmente por la nariz, más disminuimos la frecuencia cardiaca, aumentamos los niveles de CO_2 en sangre (estando así mejor oxigenados, ya que eso permite una mejor absorción de oxígeno por parte de las células), activamos mecanismos del sistema parasimpático y nos tranquilizamos, lo que ayuda a desactivar el modo lucha o alerta. Además, es una herramienta que, bajo diferentes técnicas, puedes incluir en tu ritual del sueño para ayudarte a conciliarlo.

Existen diferentes técnicas, ejercicios y entrenamientos, algunos muy popularizados y otros menos conocidos, por lo que te invito a que, si tienes curiosidad, te informes y pongas en práctica algunos para ver el impacto que tienen en ti.

¿QUÉ TE RECARGA DE ENERGÍA?

Cuando pensamos en estrategias de recuperación mentales y emocionales, quizá nos vienen a la cabeza el mindfulness o técnicas de respiración, pero ¿qué recarga tus baterías? La recuperación también incluye aspectos importantísimos como la socialización. Somos animales sociales, porque para garantizar la supervivencia hace miles de años no solo necesitábamos la cooperación, sino también estar en compañía, hacer cosas con otros o procrear. Hemos visto la importancia de la comunidad, del sentimiento de seguridad dentro del grupo, de sentirnos valorados, apreciados y que nos cuiden. Hacer actividades sociales también regenera y carga de energía.

He empezado exponiéndote las dos preguntas con las que inicio la entrevista-conversación para preparar un programa de rendimiento. Y, para cerrar el círculo, estas son algunas de las preguntas con las que acabo esa entrevista: «¿Cuáles son tus hobbies?», «¿Qué te carga las pilas en diferentes contextos?», «¿Cómo desconectas?», «¿Quiénes son las personas que recargan tu energía?».

Puede ser que diferentes contextos necesiten distintas estrategias, como, por ejemplo, cuando estás en casa, cuando estás en el trabajo o cuando viajas. Pregúntate qué y cuándo lo necesitas, o a quién. En algunos momentos parar y respirar unos minutos puede ser una pequeña recarga; quizá meditar diariamente sea lo que te calma y te da perspectiva, o disfrutar de un atardecer, pasar un día en un spa, pasear con la familia, cenar con tus amigos, tomar un café al sol o salir a bailar. Sea cuales sean tus estrategias, asegúrate de que las incluyes en tu plan, les dedicas esfuerzo y atención, y les regalas tu tiempo.

Cuida de tu vida, cada día.

Bonus

El futuro del potencial humano

POTENCIAR NUESTRAS VIRTUDES

Quizá el nuevo paradigma para potenciar la capacidad humana evolucione hacia la importancia de reconocer nuestras motivaciones y nuestros talentos para que podamos desarrollarlos en entornos que nos permitan expresar nuestro potencial.

Uno de los escenarios clave en la vida de un deportista profesional es el de la retirada. Mientras el deportista es deportista tiene una identidad clara, pero a partir del momento que decide colgar las botas se enfrenta a la incertidumbre laboral, por mucho que se haya preparado para ello. Esto no le ocurre solo al deportista. Vivimos en un periodo de cambios constantes, donde parece complicado permanecer en el mismo puesto de trabajo toda una vida. ¿Cómo prepararse para rendir al máximo en entornos de cambio? Potenciando nuestro conocimiento, nuestras habilidades y nuestras actitudes.

Con la evolución (y revolución) tecnológica, constante y transformativa se crean nuevas oportunidades y nuevos horizontes, tanto personales como laborables. La adquisición de conocimiento estará fundamentada en la curiosidad, por lo que hemos de seguir cultivando esta poderosa capacidad que nos define. Potenciar nuestra creatividad también será fundamental para poder seguir yendo por delante.

Una vez más, ser consciente de tus habilidades y fortalezas te permitirá trabajarlas para ser más eficiente, sea cual sea el entorno laboral o las circunstancias personales en las que te encuentres. Saber adaptarse a las circunstancias es reflejo de ser un buen competidor, pero no deberíamos renunciar a quienes somos por encajar. Estar en un entorno al que sientas que perteneces, en el que te sientas realizado y valorado, y en el que te den oportunidades para desarrollarte, ser creativo, innovador, equivocarte y progresar, seguramente permitirá que desarrolles tu máximo potencial de rendimiento, además de permitirte disfrutar con lo que hagas, reforzar tu autoestima y amplificar tu felicidad.

Tus actitudes, fundamentadas en tus valores, hábitos y comportamientos, darán coherencia a tu identidad, a quienes eres y a quien quieres ser. Tus *soft skills*, o habilidades blandas, como las comunicativas, la facilidad de adaptación, la capacidad de resolver conflictos, de autoorganización, de gestión del tiempo, de trabajar en equipo, la empatía, el carisma, la inteligencia emocional, la confianza, la disciplina, la perseverancia, la valentía, el liderazgo o cualesquiera que sean las actitudes que te definan, te acompañarán allá donde vayas. Fortalecer aquellas en las que seas bueno y trabajar en las que has de mejorar te ayudará a adaptarte a multitud de situaciones.

MIRAR AL FUTURO PRESTANDO ATENCIÓN AL PRESENTE

Parece que, mediante avances tecnológicos, técnicas de análisis predictivas, la inteligencia artificial, la interpretación de datos y algunas mentes brillantes, somos buenos «prediciendo» el pasado (utilizando datos para comprobar si corroboran un acontecimiento pasado). Pero crisis económicas, pandemias o desastres naturales (sin obviar las tan devastadoras y continuas lesiones en el deporte de élite), entre otros, ponen de manifiesto que no somos tan buenos prediciendo el futuro. Tenemos acceso a una miríada de datos, con un ritmo de desarrollo de la inteligencia artificial exponencial y vertiginoso. Esta, a pesar de que aún parece estar lejos de su máximo potencial, probablemente se instaure en nuestra vida cotidiana y profesional de forma masiva. Sin embargo, también contamos con la incertidumbre, la volatilidad, el caos y los «cisnes negros».* Esto hace que sea osado aventurarse a pronosticar hacia dónde se dirige la exploración de la maximización del potencial humano. Quizá a la combinación de la tecnología, la optimización del análisis de datos, la toma de decisiones y la acumulación de conocimiento para reinventar el futuro, pero también a la vuelta a la toma de conciencia, el cuidado y la atención de la persona, y a un mayor equilibrio en nuestro día a día y con nuestro entorno.

* Nassim Nicholas Taleb, *El cisne negro*, 2011.

Tecnología disruptiva

La tecnología está irrumpiendo con fuerza, trastornando nuestra manera de trabajar y relacionarnos. Esta, así como la nanotecnología (en diferentes campos), parece seguir avanzando a un ritmo frenético, e iremos viendo si somos capaces de usarla bien. Además, los avances tecnológicos que se producirán en el siguiente siglo podrían ser mayores que los que se han llevado a cabo en el siglo XXI. Quizá la computación cuántica, por ejemplo, permita explorar cuestiones y resolver problemas que de otro modo serían indescifrables. Algunas de las tecnologías disruptivas y exponenciales que están transformando nuestro presente incluyen las energías renovables, los materiales avanzados, la impresión 3D, el internet móvil, la inteligencia artificial, el internet de las cosas (IoT) o la genómica de última generación; veremos cómo serán los vehículos del futuro, la alimentación artificial de laboratorio, la autoeducación digital...

No obstante, muy probablemente la tecnología que utilizaremos en el futuro aún ha de ser inventada, y quizá avance en direcciones que no somos capaces ni de sospechar; se generarán trabajos que aún no existen, necesidades que no conocemos y prioridades que ni imaginamos. En el entorno laboral, en un número de sectores cada vez mayor se promueven los trabajos flexibles, con uso de tecnologías que permiten trabajar en remoto, y un mayor énfasis en la creatividad, el pensamiento crítico, la automotivación, el dinamismo laboral y la autonomía. Es decir, se evoluciona hacia un trabajo *freelance* más digital. La inteligencia artificial reconfigurará el mundo laboral, seguramente con profundas implicaciones filosóficas sobre la transformación económica y social. Esta estará en condiciones de sustituir puestos de trabajo que ni sospechamos, y en los que no sea así, no saber utilizar esta tecnología provocará que las personas que sí sepan sustituyan a las que no. A pesar de la instauración masiva de tecnología, retener el talento humano es y será un reto para las empresas. Por ello, enfatizo una vez más que la ciencia, la tecnología y el conocimiento actualizado formarán parte de la evolución, revolución y transformación del rendimiento, seguramente en sus diferentes vertientes.

La era de la información digital

Vivimos en la era de la información digital (TIC, tecnologías de la información y la comunicación); existe un flujo abundante y constante que genera lo que se conoce como «presión de la información», de tener que estar actualizados constantemente, en todo lo posible y a un alto nivel. Es y será un reto gestionar cómo manejar e interpretar la inmensa cantidad de información que se acumula y registra a diario en diferentes procesos y áreas de conocimiento. Medir cosas ya no es un desafío; o existe tecnología para ello o somos mucho más eficientes en crearla. Tener acceso a la información ya no es el reto. El reto es unificar la información, gestionarla, filtrarla, interrelacionarla entre diferentes campos de conocimiento, saber interpretarla y darle un sentido de aplicabilidad, utilizarla para generar conocimiento y sabiduría a fin de tomar las mejores decisiones posibles.

Tomar decisiones

Tomar las mejores decisiones posibles es un aspecto fundamental para un óptimo rendimiento, actual y futuro. No obstante, tanto para cuestiones triviales como para las más profundas, no somos tan libres como nos pensamos a la hora de tomar decisiones. Como acabamos de ver, contamos con una cantidad de información ingente, y esta forma parte de nuestra toma de decisiones. La fuente, la calidad y el rigor de la información, así como las experiencias personales previas, afectan a la toma de decisiones. Además, parece que la gente toma buenas decisiones en contextos donde tiene experiencia, información de calidad y *feedback*; sin embargo, no somos tan buenos cuando este último es lento, somos inexpertos o tenemos menos experiencia. Asimismo, la inercia de un colectivo puede hacer que tomes decisiones simplemente porque es lo que hace o piensa la mayoría, o por influencia social (lo que sientas que pueden pensar de ti o la desaprobación del grupo).

Ejemplos de sesgos en la toma de decisiones

A pesar de tener mayor acceso a información medible, objetiva y de calidad, confiamos en nuestra memoria en lugar de en los datos; nuestro cerebro utiliza información sobre aquello que podemos recordar (sesgo de anclaje y asociativo). Muchas veces tomamos decisiones basándonos en la información que tenemos más al alcance (sesgo de disponibilidad), o en aquella que preseleccionamos, sin dedicar tiempo a analizar toda la información. Otras veces creemos estar tan seguros de que la decisión es la correcta que no buscamos otro tipo de información (sesgo de exceso de confianza), o buscamos aquella que confirme la hipótesis o las creencias preexistentes, que apoye la decisión que queremos tomar (sesgo de confirmación), sin indagar más allá. Y estos son solo algunos de los sesgos que afectan a nuestra toma de decisiones. Cobrar conciencia de ellos te ayudará a tomar decisiones, especialmente decisiones informadas.

A veces puede tomarse una decisión basada en la intuición, y que sea lo correcto (algunos ejemplos serían un aterrizaje forzoso, una actuación en un incendio o una jugada de ajedrez). Este tipo de decisiones son rápidas, automáticas, espontáneas y, ocasionalmente, no requieren esfuerzo. Sin embargo, en realidad se basan en el reconocimiento de patrones, en situaciones que se dan con la suficiente regularidad para reconocer esos patrones y tomar decisiones basadas en esas experiencias. A pesar de esto, las decisiones que se tomen por intuición pueden ser erróneas, por lo que se aconseja argumentar las intuiciones con mayores patrones, datos y algoritmos (procesos analíticos).

Al mismo tiempo, contamos con la incertidumbre. Hemos visto que los avances tecnológicos, la ciencia y un mayor acceso a la información (en ocasiones de calidad y en otras de dudosa confianza), así como los constantes cambios, evoluciones y disrupciones a los que estamos expuestos, generan entornos de inseguridad, difíciles de predecir. Necesitamos flexibilidad en nuestras creencias, cuestionarnos las cosas, ser abiertos de mente, manejar las expectativas y tomar perspectiva, seguir haciendo preguntas y ser capaces de absorber nuevas ideas (y de cambiar nuestra opinión, si la circunstancia lo requiere).

En una era de información masiva, digital e instantánea, hiperconectividad, algoritmos e inteligencia artificial, quizá el futuro del potencial humano también se dirija a la optimización de los procesos para la toma de decisiones. Expertos en esta área avalan contar con la intuición (*gut feeling*), pero también recoger información y analizarla cuidadosamente, sobre todo cuando han de tomarse decisiones informadas trascendentales. Y contar con el espíritu crítico.

Espíritu crítico

También vivimos en un mundo donde se premia en muchas ocasiones la superficialidad, la inmediatez, el éxito que no requiere esfuerzo, el contenido vacío, la opinión no fundamentada, el mensaje llamativo sin sustancia. Esto, unido al exceso de información y la divulgación científica de baja calidad y de conocimiento sin contrastar, origina en muchas ocasiones confusión y falsas creencias en ciertas áreas de conocimiento. Es vital tener espíritu crítico, asegurarse de que las fuentes de información están contrastadas y abogar por el rigor y la fundamentación de la información.

Además, quiero citar aquí a Donald Rumsfeld en sus memorias *Known and Unknown* para recordarte que «hay conocidos que conocemos, cosas que sabemos que sabemos; y hay incógnitas conocidas, cosas que sabemos que no sabemos. Pero también hay incógnitas desconocidas, cosas que no sabemos que no sabemos». Sabemos muchas cosas, pero desconocemos otras, y no sabemos qué no sabemos. Esto es esencial, ya que puede que lo que hoy nos da respuestas no sea lo que dentro de un tiempo nos brinde las soluciones más eficientes. Apoyarse en la ciencia, el rigor, la información contrastada y el conocimiento, así como la humildad confiada (tener confianza en la propia capacidad al tiempo que humildad para apreciar que igual no conocemos la solución correcta), es primordial.

A su vez, también es importante mantener la mente abierta y no descartar ciertos datos por la ausencia de fundamentos científicos, pues no siempre es reflejo de que no existan. La ciencia avanza muy rápido, pero llegar a consensos generalizados en ciertas materias a veces es un proceso lento. Meditar, por ejemplo, proporcionaba beneficios antes de que se dispusiera de las herramientas necesarias para medir sus beneficios mediante el comportamiento de las ondas cerebrales o las respuestas fisiológicas durante la meditación. Ahora bien, también hay que tener cuidado con los gurús, los *influencers*, la información en las redes sociales, los reclamos imprecisos y los que se aprovechan de la falta de conocimiento de otros. Simplemente te invito a ser consciente de la procedencia del conocimiento y de los motivos en los que apoyas tu toma de decisiones, y a utilizar la habilidad del pensamiento crítico.

Aprender, desaprender, reaprender

Para poder rendir al mejor nivel deberemos seguir formándonos y adquiriendo conocimiento, actualizado y de calidad. El conocimiento para la optimización del rendimiento de élite con base científica se está aplicando cada vez más al día a día de las personas, tanto aquellas que quieren desafiar los límites del potencial humano como esas otras que «simplemente» desean ser más eficaces en su vida personal y laboral, optimizar su nutrición, descansar mejor, alargar su esperanza de vida o mejorar la calidad de esta. En este sentido, el saber que nos brinda la ciencia (apoyado en la curiosidad y la creatividad) ha ayudado a la humanidad a avanzar, y sigue haciéndolo. De hecho, Kevin Kelly, en el libro *Lo inevitable*, plantea que el mayor invento de los últimos doscientos años no ha sido una herramienta ni un artilugio (tecnológico), sino la invención del proceso científico en sí mismo, que ha permitido a los humanos progresar en la comprensión de fenómenos o la creación de cosas que nunca podrían haber sido descubiertas de otra forma. Mediante la ciencia se busca descubrir cómo funciona el mundo natural, cómo funcionan las cosas, a partir de un proceso de preguntas y de la aplicación de métodos sistemáticos de investigación, desafíos y mejoras constantes, que nos permiten generar y adquirir conocimiento, obtener explicaciones comprobables y comprender las cosas. Por ello, es una gran fuente para la formación continua. Sin embargo, aunque tengamos al alcance de la mano (literalmente) tanta información, será igual de importante dudar y cuestionarse las cosas, incluso las propias ideas y creencias, mostrar curiosidad, conciencia y humildad ante las propias limitaciones sobre lo que sabemos y no sabemos, y ser capaces de cambiar de opinión, lo cual también forma parte de una mentalidad de crecimiento.

Espero haberte transmitido que hay muchos campos que influyen en nuestro rendimiento. Algunas áreas están muy consolidadas, pero en la mayoría se siguen haciendo descubrimientos y se continúa profundizando y evolucionando en el conocimiento; incluso se cambian propuestas prácticas de forma radical. Es probable que cuando leas estas líneas ya se haya avanzado en alguno de los campos que aquí presento, o incluso que se hayan descubierto cosas nuevas. Así pues, estaremos atentos para mantenernos actualizados, con una mentalidad de crecimiento y dispuestos a desaprender y reaprender si es necesario, para poder seguir yendo por delante.

Conclusión

El camino hacia el desafío y la explosión de tu potencial

Cada uno tiene sus prioridades, objetivos y sueños. El proceso para alcanzar tu máximo rendimiento y potencial será lo que se convierta en tu estilo de vida, te defina y te ofrezca una vida plena.

A pesar de que los humanos compartimos el 99,9 por ciento del genoma, hay un 0,1 por ciento restante que nos hace únicos. Disponemos de herramientas poderosas para potenciar ese 0,1 por ciento. Nuestra genética nos brinda áreas de oportunidad, pero nuestras aptitudes y actitudes nos pondrán en el camino para maximizar nuestro rendimiento. Sabemos que, con práctica deliberada, esfuerzo, trabajo, disciplina y compromiso, podemos conseguir muchos de nuestros propósitos, o al menos ponernos en la mejor marca posible para ser más eficientes en la carrera hacia nuestras metas. Nuestros valores son los pilares de nuestra identidad, y nuestros hábitos, el reflejo de esta. Y recuerda que, para ir por delante, es necesario tener el coraje de desafiar lo convencional.

El cerebro nos dota de habilidades extraordinarias para pensar, razonar, comunicarnos, compartir información, mostrarnos curiosos, explorar, ser creativos y querer comprender lo que nos rodea. Quizá la próxima frontera y el desafío más grande en el avance del potencial humano lleve hacia un conocimiento más profundo de nuestro cerebro y cómo optimizar su funcionamiento. Sin embargo, el cerebro no es solo un órgano mecánico; hemos visto que forma parte de un complejo fascinante, el organismo humano, que está interconectado con él y funciona junto con él de manera orgánica en procesos dinámicos de constante cambio, adaptación, plasticidad, equilibrio, desequilibrio y reequilibrio. Para rendir de un modo óptimo hemos de abordar a la persona como un todo, con una perspectiva holística y multifactorial. Recuerda que cuentas con tu biología; comprenderla mejor te puede ayudar en el proceso de toma de decisiones para construir tu modelo de rendimiento.

Recuerda, además, que hacer ejercicio, aprender habilidades que supongan un reto, nutrirte de forma óptima y prepararte mentalmente deberían ser los básicos innegociables, y que las cosas buenas pasan cuando recuperamos. Cuida de tu cuerpo, tu mente y tus emociones (y de tu parte espiritual, si se encuentra incluida en tu modelo). Cuida de tu recuperación, tu equilibrio interno y tus niveles de energía.

El contexto y el entorno también tendrán un papel fundamental para que puedas expresar todo tu talento, desarrollarte, equivocarte, evolucionar y progresar. Déjate acompañar por aquellos que te retan a ser mejor y, a la vez, te sirven de inspiración para avanzar. Rodéate de tu tribu, ese clan que te apoya, con quien celebrar las victorias y digerir mejor las derrotas. Recuerda también que hacer mejores a los demás eleva tu propio potencial.

Quizá no podamos predecir hacia dónde se dirige el potencial del rendimiento humano, pero cada uno de nosotros puede dar forma a su propio plan actuando en su día a día. El futuro pasa porque cobremos conciencia y tomemos las mejores decisiones posibles para ser nuestra mejor versión, maximizar nuestro potencial y, así, continuar desafiando los límites del rendimiento humano. Y el tuyo.

Eres único, extraordinario y suficiente.
Descubre el potencial que llevas dentro.

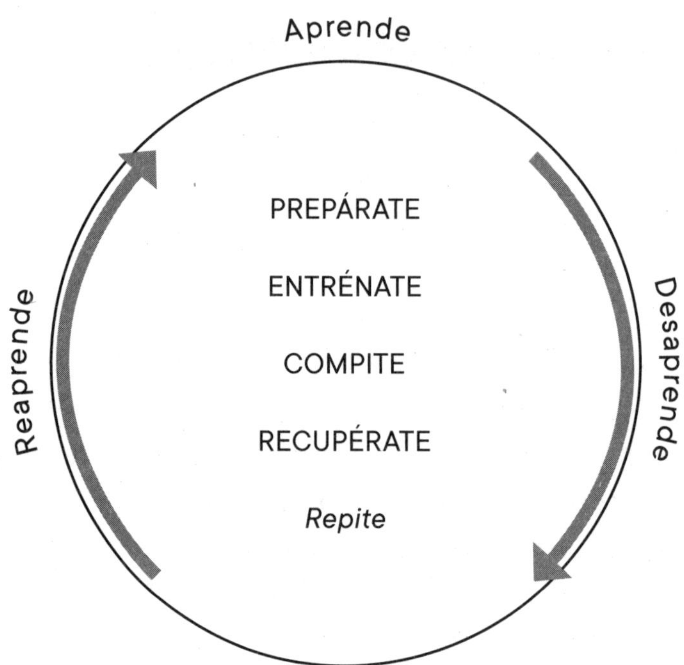
Aprende
PREPÁRATE
ENTRÉNATE
COMPITE
RECUPÉRATE
Repite
Desaprende
Reaprende

Agradecimientos

Escribir este libro ha sido un proceso muy íntimo y relativamente solitario. Me he enfrentado a un gran reto personal que he compartido con un círculo muy pequeño, pero absolutamente necesario para poder llevarlo a cabo. Quiero dar las gracias al grupo de personas que me han acompañado, apoyándome ante mis dudas y animándome ante este desafío tan ilusionante.

En primer lugar, gracias a Alba Adell, mi editora. Quiero que seas la primera persona a quien doy las gracias por descubrirme entre la multitud. Estas páginas no habrían existido sin tu interés en que yo contara esta historia. Tuviste la visión de este libro, que se ha convertido en realidad. Gracias por darme la oportunidad, acompañarme y guiarme; por tus consejos, ediciones y revisiones de los borradores; por tu apoyo y paciencia (¡y tus ^^!). *Supérate* no habría sido posible sin ti. Ha sido un placer trabajar contigo.

También me gustaría dar las gracias a Ana Merayo, Andrés Monje y Cristina Pita por leer versiones anteriores a la definitiva, sacar tiempo para hacer correcciones y sugerencias, y darme consejos sobre el texto y lo que he pretendido plasmar en él. No era fácil. ¡Gracias!

A continuación quiero dar las gracias a aquellos que me han dado un apoyo imprescindible.

Gracias, Carmen, por ser el ancla y pilar fundamental de mi tribu, por ser mi soporte, y por tu amor incondicional. Siempre has estado y estás ahí; y siempre estarás.

Gracias, Ángela, por ser otro pilar de mi tribu. Mamá siempre dice que me miras con ojos de admiración, pero ojalá veas que yo te miro igual, con admiración, respeto absoluto y amor fiel. Me inspiras como mujer, amiga, compañera y hermana.

No quiero dejar de mencionar a aquellos que forman parte de mi círculo más cercano, que sabían de este proceso, me han apoyado preguntando: «¡¿Qué tal va el libro?!» y han tenido la paciencia de escuchar mis respuestas.

También me gustaría hacer una mención especial a todos los deportistas y compañeros de profesión con los que he trabajado, porque habéis nutrido esta historia. Pero, sobre todo, a los que han creído en mí, y con los que he compartido y comparto mi vida. Sois parte de mi inspiración.

Además, quiero mencionar a mis mentores y a aquellos que son fuente de conocimiento, los conocidos y para los que soy anónima, por ser un factor imprescindible de la ecuación, porque dan respuestas a mis inquietudes y calman mi curiosidad.

Mi agradecimiento al equipo de Penguin Random House y Conecta, que ha hecho de este libro una realidad: Irene Vidal, Maite Cañabate, David Ayuso, Carme Nicolau, Teresa Urbistondo…

Y, por supuesto, a ti, lector, por tener *Supérate* en tus manos, dándome así la oportunidad de compartir conocimientos y experiencias contigo. Espero que su lectura te aporte aunque sea una pequeña parte de lo que buscabas. Gracias.

Enero de 2024

Lecturas recomendadas

Referencias citadas en el libro y algunas fuentes de inspiración

Achor, Shawn, *Big Potential: How Transforming the Pursuit of Success Raises Our Achievement, Happiness, and Well-Being*, Nueva York, Crown Currency, 2018.

Amabile, Teresa, «Componential Theory of Creativity», *Encyclopedia of Management Theory*, Harvard Business School, Sage Publications, 2013.

Brown, Brené, *Dare to Lead: Brave Work. Tough Conversations. Whole Hearts*, Londres, Random House, 2018.

Burnett, Bill, y Dave Evans, *Designing Your New Work Life: How to Thrive and Change and Find Happiness—and a New Freedom—at Work*, Nueva York, Vintage, 2021.

Clear, James, *Hábitos atómicos: Cambios pequeños, resultados extraordinarios*, Barcelona, Diana, 2020.

Couros, George, *The Innovator's Mindset: Empower Learning, Unleash Talent, and Lead a Culture of Creativity*, San Diego, Dave Burgess Consulting, 2015.

Coyle, Daniel, *Las claves del talento: ¿Quién dijo que el talento es innato? Aprende a desarrollarlo*, Barcelona, Zenith, 2009.

Dalio, Ray, *Principios*, Barcelona, Deusto, 2018.

Doerr, John, *Mide lo que importa: Cómo Google, Bono y la Fundación Gates cambian el mundo con OKR*, Barcelona, Conecta, 2019.

Doidge, Norman, *El cerebro se cambia a sí mismo*, Madrid, Aguilar, 2008.

Duckworth, Angela, *Grit: El poder de la pasión y la perseverancia*, Barcelona, Urano, 2016.

Duhigg, Charles, *El poder de los hábitos: Por qué hacemos lo que hacemos en la vida y en el trabajo*, Barcelona, Vergara, 2019.

Enders, Giulia, *La digestión es la cuestión: Descubre los secretos del intestino, el órgano más infravalorado del cuerpo humano*, Barcelona, Urano, 2015.

Ericsson, Anders, y Robert Pool, *Número uno: Secretos para ser el mejor en lo que nos propongamos*, Barcelona, Conecta, 2017.

Fogg, BJ, *Hábitos mínimos: Pequeños cambios que lo transforman todo*, Barcelona, Urano, 2021.

Foster, Russell, *Life Time: The New Science of the Body Clock, and How It Can Revolutionize Your Sleep and Health*, Londres, Penguin Life, 2022.

Grant, Adam, *Originales: Cómo los inconformistas mueven el mundo*, Barcelona, Paidós, 2017.

Holiday, Ryan, *La llamada del coraje (Las 4 virtudes estoicas 1): La fortuna favorece a los valientes*, Barcelona, Conecta, 2022.

Jones, Graham, Sheldon Hanton y Declan Connaughton, «A Framework of Mental Toughness in the World's Best Performers», en *The Sports Psychologist*, Human Kinetics, Inc., 2007.

Kelly, Kevin, *Lo inevitable: Entender las 12 fuerzas tecnológicas que configurarán nuestro futuro*, Zaragoza, Teell, 2018.

Lastella, M., *et al.*, «To Nap or Not to Nap? A Systematic Review Evaluating Napping Behavior in Athletes and the Impact on

Various Measures of Athletic Performance», *Nature and Science of Sleep*, n.º 13, pp. 841-862, 2021.

Magness, Steve, *Do Hard Things: Why We Get Resilience Wrong and the Surprising Science of Real Toughness*, Nueva York, Harper Collins, 2022.

Nestor, James, *Respira: La nueva ciencia de un arte olvidado*, Barcelona, Planeta, 2021.

Pink, Daniel H., *Drive: The Surprising Truth About What Motivates Us*, Riverhead Hardcover, 2010.

Robinson, Ken, *El elemento: Descubrir tu pasión lo cambia todo*, Barcelona, Debolsillo, 2010.

Rojas, Enrique, *5 consejos para potenciar la inteligencia*, Barcelona, Martínez Roca, 2016.

Scott, Kim, *Franqueza radical: Consigue lo que quieres diciendo lo que piensas*, Barcelona, Península, 2024.

Taleb, Nassim Nicholas, *El cisne negro: El impacto de lo altamente improbable*, Barcelona, Paidós, 2011.

—, *Antifrágil: Las cosas que se benefician del desorden*, Barcelona, Paidós, 2013.

Thaler, Richard H., y Cass R. Sunstein, *Nudge: Improving Decisions about Health, Wealth, and Happiness*, Yale University Press, 2008.

Torres Ronda, Lorena, y Xavi Schelling del Alcázar, «The Properties of Water and their Applications for Training», *J Hum Kinet*, diciembre de 2014, pp. 237-248. DOI: 10.2478/hukin-2014-0129.

Walker, Matthew, *Por qué dormimos: La nueva ciencia del sueño*, Madrid, Capitán Swing, 2019.

Williams, Mark, y Danny Penman, *Mindfulness: Guía práctica para encontrar la paz en un mundo frenético*, Barcelona, Paidós, 2013.

«Para viajar lejos no hay mejor nave que un libro».

EMILY DICKINSON

Gracias por tu lectura de este libro.

En **penguinlibros.club** encontrarás las mejores recomendaciones de lectura.

Únete a nuestra comunidad y viaja con nosotros.

penguinlibros.club